D0864158

Super Sudoku VARIANTS

CONCEPTIS PUZZLES

PUZZLE
WRIGHT
PRESS

An imprint of Sterling
Publishing Co., Inc.

www.puzzlewright.com

Puzzlewright Press and the distinctive Puzzlewright Press logo
are registered trademarks of Sterling Publishing Co., Inc.

4   6   8   10   9   7   5

Published by Sterling Publishing Co., Inc.
387 Park Avenue South, New York, NY 10016
© 2010 by Conceptis Puzzles
Distributed in Canada by Sterling Publishing
C/o Canadian Manda Group, 165 Dufferin Street
Toronto, Ontario, Canada M6K 3H6
Distributed in the United Kingdom by GMC Distribution Services
Castle Place, 166 High Street, Lewes, East Sussex, England BN7 1XU
Distributed in Australia by Capricorn Link (Australia) Pty. Ltd.
P.O. Box 704, Windsor, NSW 2756, Australia

Sterling ISBN 978-1-4027-6757-9

For information about custom editions, special sales, premium and
corporate purchases, please contact Sterling Special Sales
Department at 800-805-5489 or specialsales@sterlingpublishing.com.

CONTENTS

INTRODUCTION

Most readers of this book are probably already familiar with sudoku—the easy-to-learn, highly addictive, language-independent logic puzzles that took the whole world by storm not so long ago. If you're one of those readers, hang on for a few paragraphs. If you're new to sudoku, we can sum up the rules very quickly for you, because there is only one rule you need to know:

> Fill in the boxes so that the nine rows, the nine columns, and the nine 3×3 sections all contain every digit from 1 to 9. (See below for a sample grid and its solution.)

			2		1	8	4
9		5		7		2		6
1		4	3	9	2		7	
			7		6			
	7		1	4	8	9		2
3		2		6		8		5
8	4	9		3				

4	2	1	6	8	3	5	9	7
7	3	6	5	2	9	1	8	4
9	8	5	4	7	1	2	3	6
1	5	4	3	9	2	6	7	8
2	9	8	7	5	6	4	1	3
6	7	3	1	4	8	9	5	2
3	1	2	9	6	7	8	4	5
8	4	9	2	3	5	7	6	1
5	6	7	8	1	4	3	2	9

And that's all there is to it! Or it would be, if this were a normal book of sudoku puzzles. But the puzzles in this book add many different twists to the basic rules of sudoku, and all of those twists are explained below.

Happy solving!

VARIANT RULES

This book contains 169 puzzles, which increase in difficulty within each section. Each section contains a different puzzle type (indicated below the puzzles at the bottom of the page). Here's how they all work.

MEGA SUDOKU

These work just like regular sudoku except that the grid is 12×12 instead of 9×9. Each row, column, and 3×4 rectangle contains the numbers from 1 through 12 exactly once.

IRREGULAR SUDOKU

Instead of squares or rectangles, these puzzles contain irregularly shaped areas (indicated by dark lines), which contain each digit in the puzzle exactly once. There are three sizes of irregular sudoku in this book: 6×6, 9×9, and 12×12.

ODD SUDOKU AND EVEN SUDOKU

In Odd Sudoku, some squares in the puzzle have been shaded in; the shaded squares must contain odd numbers. (In Even Sudoku, the shaded squares must contain even numbers.)

DIAGONAL SUDOKU

These puzzles are just like regular sudoku with one extra rule: in addition to every row, column, and 3×3 square containing every digit from 1 through 9 exactly once, each of the two long diagonals must also contain every digit from 1 through 9 exactly once.

DIAGONAL ODD SUDOKU AND DIAGONAL EVEN SUDOKU

These combine the rules of Diagonal Sudoku and Odd (or Even) Sudoku into a single puzzle.

KILLER SUDOKU

The first thing you'll probably notice about a Killer Sudoku is that no numbers are given. Don't panic! A Killer Sudoku is simply a cross between kakuro (also known as cross sums) and sudoku. Each puzzle contains a number of areas surrounded by dotted lines, each one with a small number in the upper left corner. The digits in each such area must add up to the number in the upper left corner, and all the digits in each such area must be different. (Note that the dotted-line areas can cross heavy lines, and may contain digits from more than one 3×3 square.)

MULTI-SUDOKU

These puzzles consist of two (or three) overlapping 9×9 sudoku grids. The individual sudoku puzzles are not solvable on their own: you must use the fact that the overlapping squares are simultaneously a part of more than one grid to help you finish. The final 10 Multi-Sudoku puzzles include many of the variants explained above in the overlapping grids—sometimes different ones in the same puzzle!

11			12		1	5		8			2
	2		8					4		6	
				8	7	12	2				
3	12		9					10		1	7
		1							2		
8		11			9	2			4		12
12		5			10	1			6		9
		10							11		
6	7		3					1		12	8
				10	12	11	7				
	9		10					2		5	
1			11		3	9		12			4

	11									5	
9		5			4	1			7		8
			8	2			11	6			
		7	10	11			1	3	8		
		6		8			3		9		
	8	1							4	11	
	7	12							1	10	
		10		9			2		5		
		11	1	7			5	4	6		
			4	5			12	2			
3		2			9	6			10		7
	5									3	

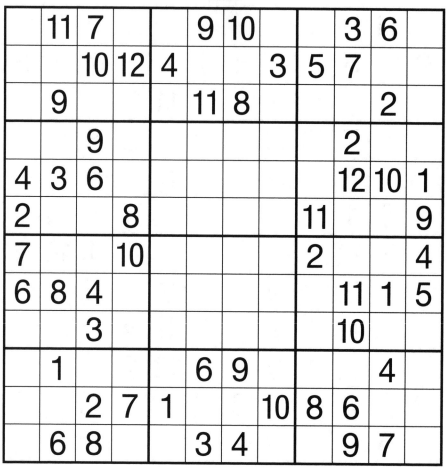

	11	7			9	10			3	6	
		10	12	4			3	5	7		
	9				11	8				2	
		9							2		
4	3	6							12	10	1
2			8					11			9
7			10					2			4
6	8	4							11	1	5
		3							10		
	1				6	9				4	
		2	7	1			10	8	6		
	6	8			3	4				9	7

4

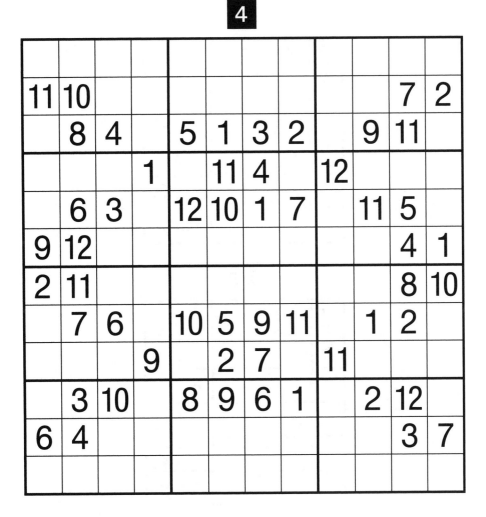

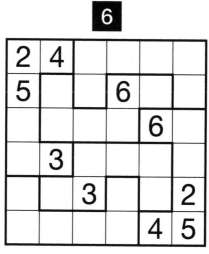

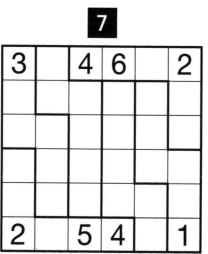

Irregular Sudoku

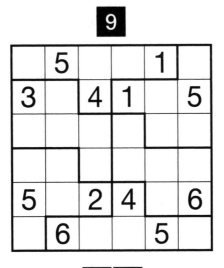

Irregular Sudoku

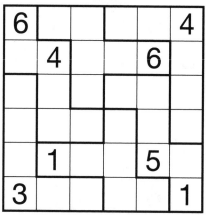

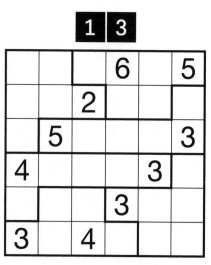

Irregular Sudoku

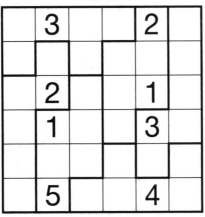

Irregular Sudoku

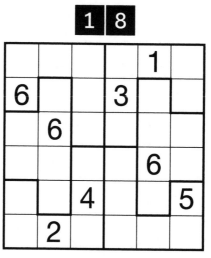

18

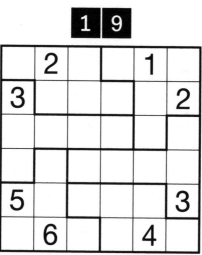

19

Irregular Sudoku

Puzzle grid 20 (9×9 irregular sudoku):

		6	9			5		4
			8	5				
4				2	7			9
9	2					8		
	3	8				7	6	
		7					1	3
2			3	6				8
				7	3			
7		3			8	1		

Puzzle grid 21 (9×9 irregular sudoku):

9				2		3		5
		6						
7				6	8		2	
		9	5		6			
1		3				4		6
			3		7	9		
	7		6	1				4
						8		
3		5		9				7

				9				
5				6				8
		5	2		8	4		
	3	6				2	4	
4								1
	2	7				8	9	
		1	3		9	7		
1				5				3
				8				

8		1			2			9
			1			3		
	6				7			5
4		2					8	
	4					1		3
2			7				1	
		8			6			
1			5			7		6

Irregular Sudoku

Puzzle 2 6

(9x9 irregular sudoku grid with the following given numbers)

Row 1: _, _, _, _, _, 6, _, _, _
Row 2: 4, _, 8, _, 7, _, 2, _, 3
Row 3: _, 8, 3, _, _, 4, 1, 6, _
Row 4: 5, _, 6, _, _, _, _, _, _
Row 5: _, 9, _, _, 2, _, _, 7, _
Row 6: _, _, _, _, _, _, 5, _, 8
Row 7: _, 5, 7, 8, _, _, 4, 9, _
Row 8: 9, _, 4, _, 3, _, 8, _, 7
Row 9: _, _, _, 5, _, _, _, _, _

Puzzle 2 7

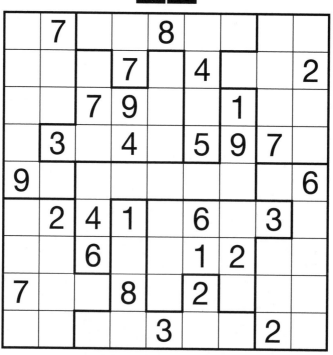

Row 1: _, 7, _, _, 8, _, _, _, _
Row 2: _, _, _, 7, _, 4, _, _, 2
Row 3: _, _, 7, 9, _, _, 1, _, _
Row 4: _, 3, _, 4, _, 5, 9, 7, _
Row 5: 9, _, _, _, _, _, _, _, 6
Row 6: _, 2, 4, 1, _, 6, _, 3, _
Row 7: _, _, 6, _, _, 1, 2, _, _
Row 8: 7, _, _, 8, _, 2, _, _, _
Row 9: _, _, _, _, 3, _, _, 2, _

Irregular Sudoku

	7						4	
		1	5		2	3		
				9				
	2						5	
		4		1		7		
	4						7	
				4				
		9	8		1	4		
	5						9	

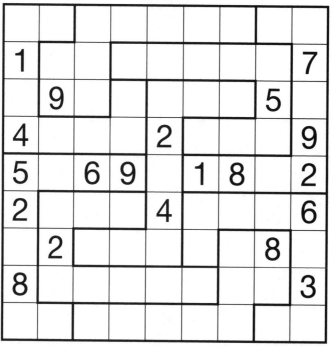

3 2

		4			1			
		1		3			2	
5	3		9					
		7						2
	8						6	
2						3		
					9		4	7
	7			5		8		
			8			7		

3 3

	8							
3		4					6	2
	7	5						
		1		3				
	2					1		
			3		4			
					5	7		
7	5				6		9	
						8		

Irregular Sudoku

Puzzle 34 (top grid):

5			3		2	6		7
	1			5			4	
3								
6								4
	9			6			2	
8								2
								6
	5			1			3	
7		5	4		3			1

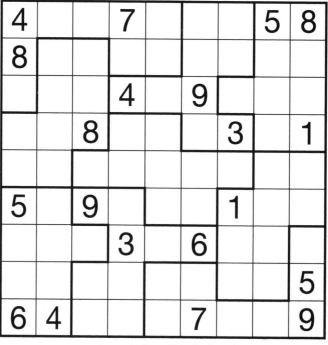

Puzzle 35 (bottom grid):

4			7				5	8
8								
			4		9			
		8				3		1
5		9				1		
			3		6			
								5
6	4				7			9

Irregular Sudoku

3 6

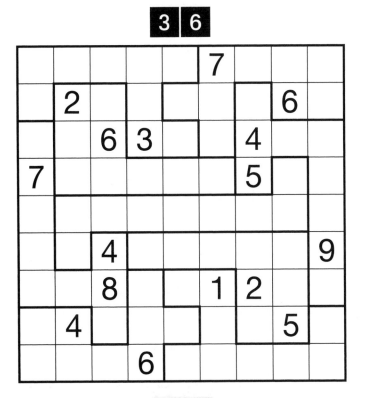

3 7

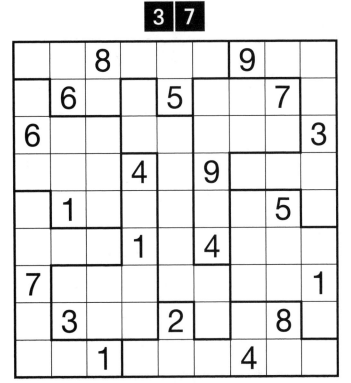

Irregular Sudoku

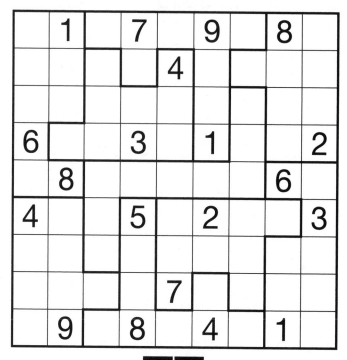

39

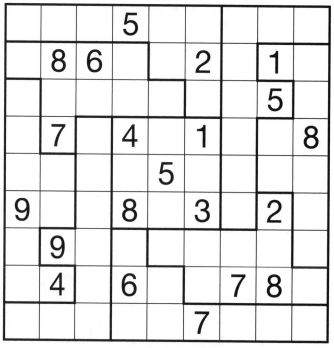

Irregular Sudoku

40

5					7			4
			3		8			
	1							
6			3		9			
	5						1	
			6		8			3
						6		
		4		7				
3			2					1

41

8	7	5				2

5			8	7	5				2
		7							
	4			6					
	1		4			7			
	8				1				5
				3			2		4
					4				1
								5	
	7				4	9	5		

4 2

			8				1	
		6						1
	5		6		4			
8		9	4			2		
		1			6	8		7
			3		1		6	
5						1		
	3				7			

4 3

	6						9	
8								6
			9	3	8			
		6				2		
		7		8		9		
		4				1		
			2	6	7			
1								2
	2					3		

44

		5		6			9	
4							8	
			3			5		7
		3			2			
			2			8		
3		9			5			
	7							1
	1			3		7		

45

			1				7	
		9				4		5
	6		4				2	
4		1						
						6		2
	4				8		9	
7		2				3		
	8				5			

Irregular Sudoku

46

		8		9				4
					2		4	
5		9		7				
							3	
4		7				8		9
	6							
				1		7		5
	3		7					
3				2		6		

47

		5				7		6
3			2			6		
5								
			4			8		
	8			7			3	
		7			9			
								1
		3			6			4
9		1				5		

Irregular Sudoku

Puzzle 48:

		4						
		1	4	2				
			2		4			8
		3				9		
		5				3		
8			1		9			
				3	6	1		
					8			

Puzzle 49:

5		4				9		3
			7		6			
	3		4		2		9	
	6		2		5		7	
			9		8			
2		8				7		6

Irregular Sudoku

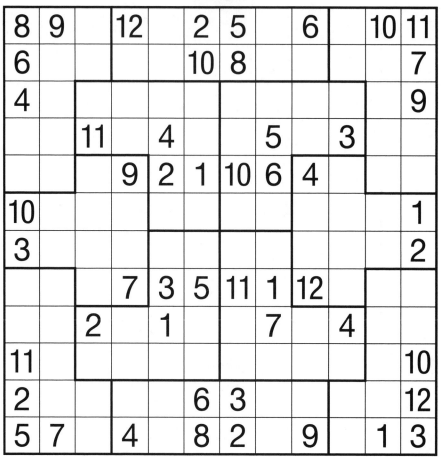

Irregular Sudoku

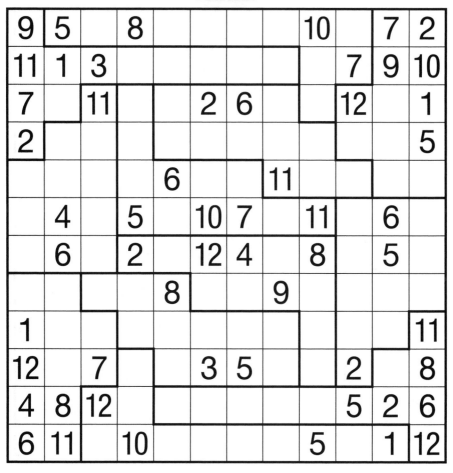

6			12					10			2
	11	5							1	3	
		2			11	3			12		
8		3		9			10		7		11
			5	12	6	8	3	1			
					2	10					
					4	5					
			2	3	9	12	7	11			
7		1		6			12		4		3
		11			8	4			3		
	6	12							10	9	
3			9					6			7

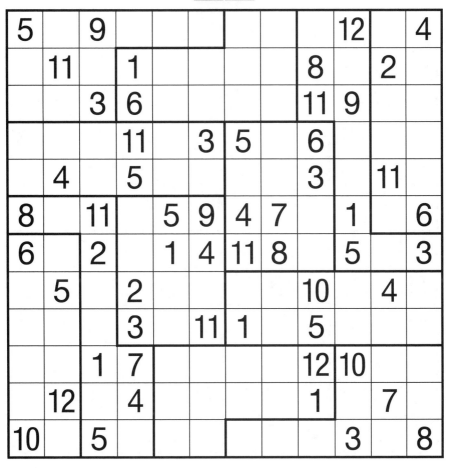

			9	5			4	1			
		1			8	2			10		
3	11				1	10				2	5
4		2		6			12		5		8
2		8		3			10		7		1
11		10		8			9		1		7
12		6		9			3		11		4
7	9				3	4				11	2
		4			7	11			3		
			4	2				5	10		

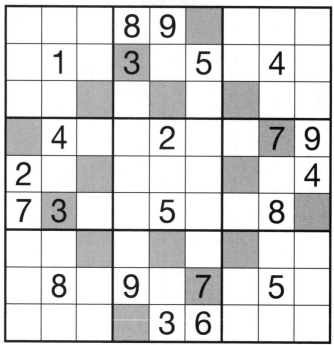

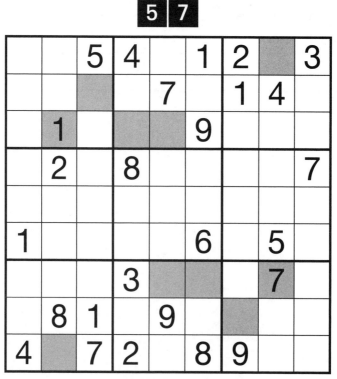

Odd Sudoku

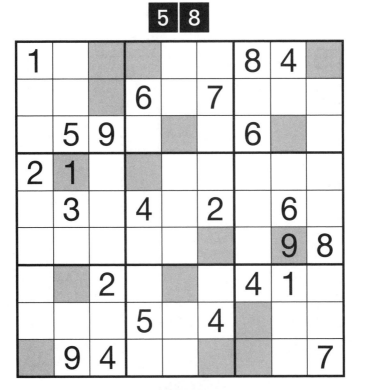

59

Odd Sudoku

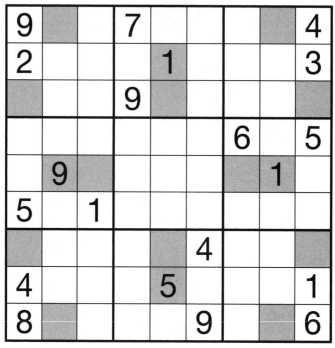

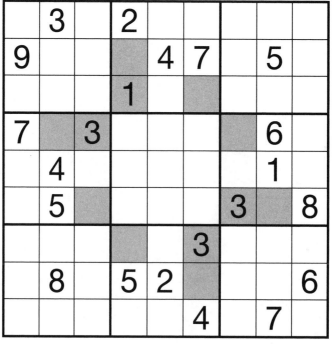

Odd Sudoku

6 2

	1		6		2		3	
6				7				4
			9		3			
		8				5		
		4				7		
			5		4			
3				8				5
	5		2		7		9	

6 3

	3	2				4	7	
9					2			5
		3	6		5			
			9		8	7		
5			1					4
	7	6				2	9	

Odd Sudoku

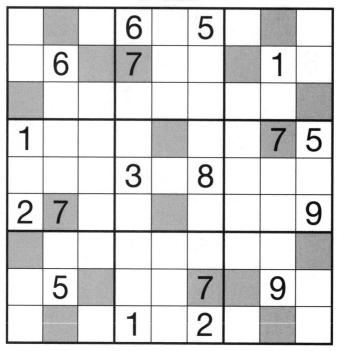

Odd Sudoku

2		3			8			7
	7							
9								
	4		1	9				
				3	4		8	
								9
							3	
1			4			7		5

2				8				
			6			5		
1							3	
			5			3		
6		1				7		5
		7			2			
	7							3
	9				7			
				5				4

Odd Sudoku 41

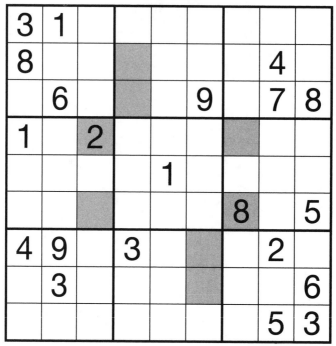

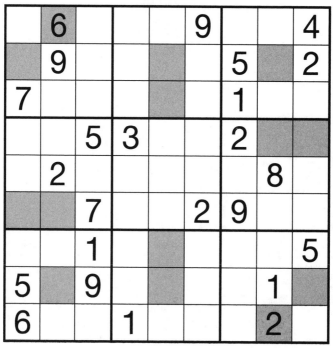

Even Sudoku

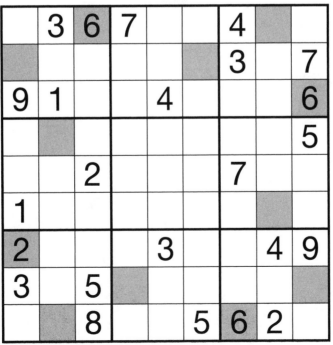

Even Sudoku

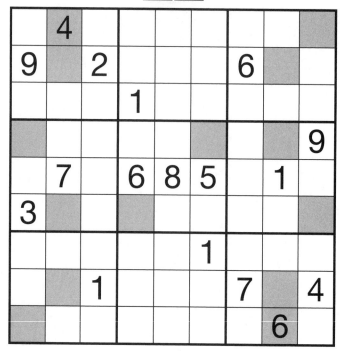

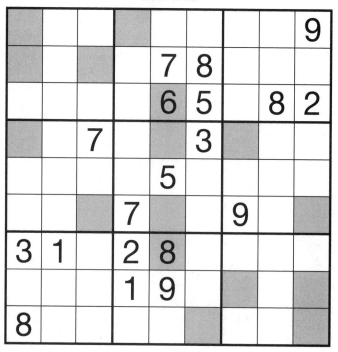

Even Sudoku

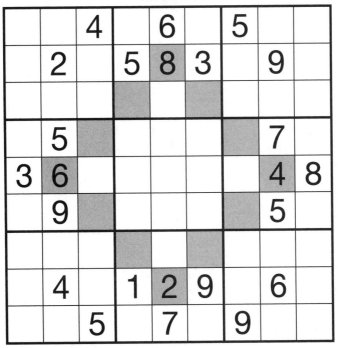

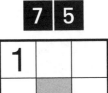

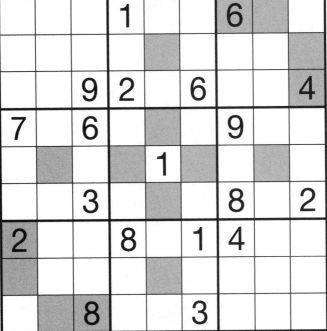

Even Sudoku

Even Sudoku

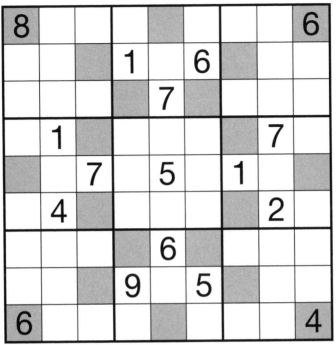

7 9

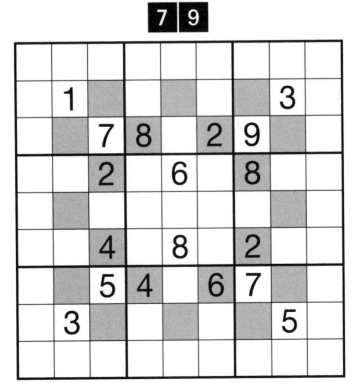

Even Sudoku

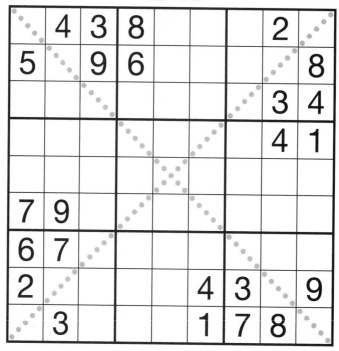

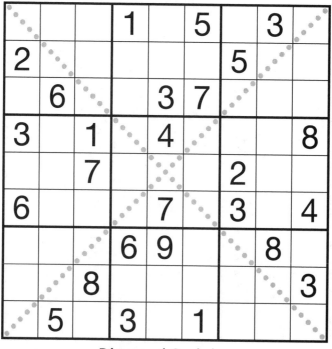

Diagonal Sudoku

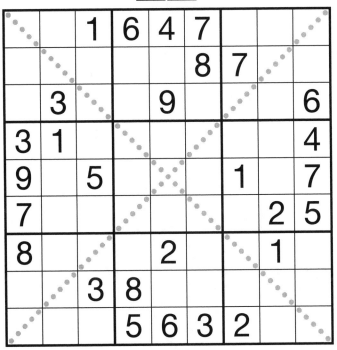

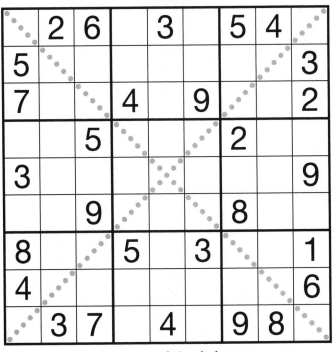

Diagonal Sudoku

49

Puzzle 84:

		8					5	
	4		8	7	1		3	
		4				1		
		3				6		
		7				4		
	1		2	3	6		5	
		6				8		

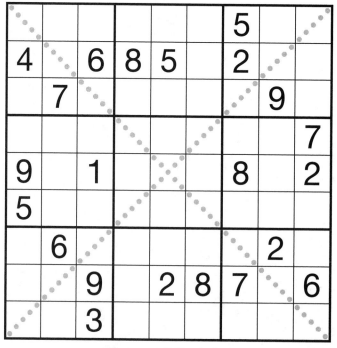

Puzzle 85:

						5		
4		6	8	5		2		
	7						9	
								7
9		1				8		2
5								
	6						2	
	9			2	8	7		6
	3							

Diagonal Sudoku

8 6

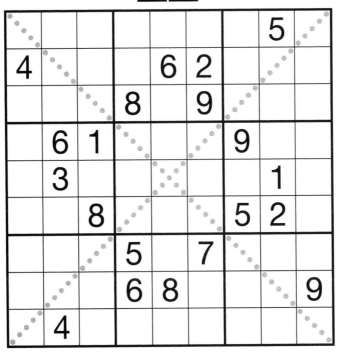

8 7

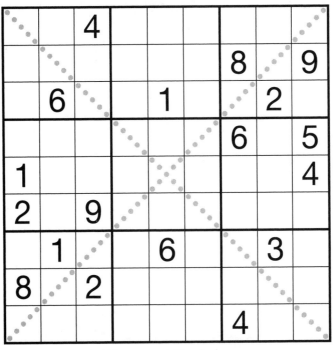

Diagonal Sudoku

51

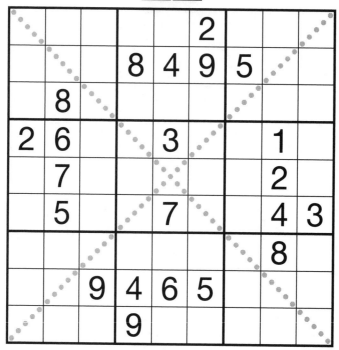

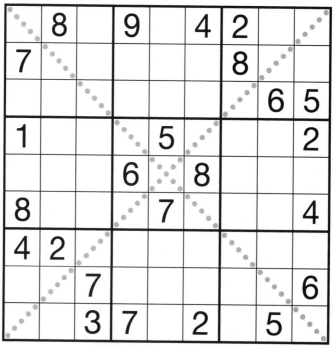

Diagonal Sudoku

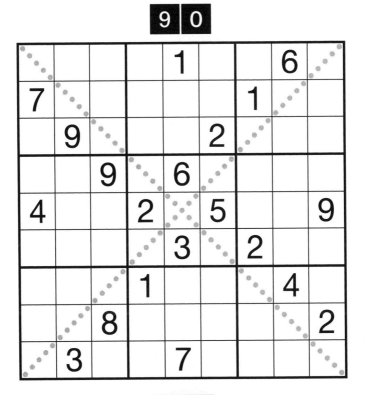

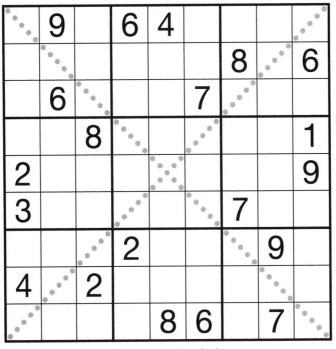

Diagonal Sudoku

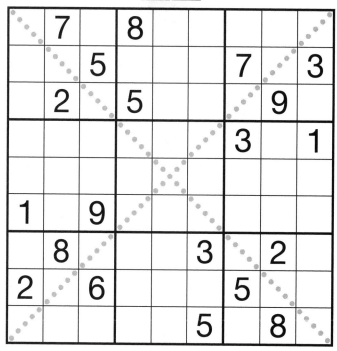

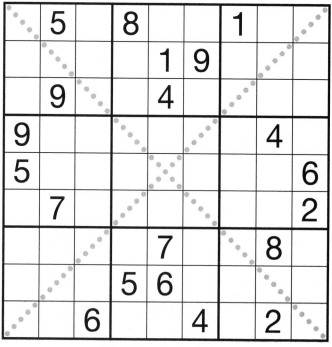

Diagonal Sudoku

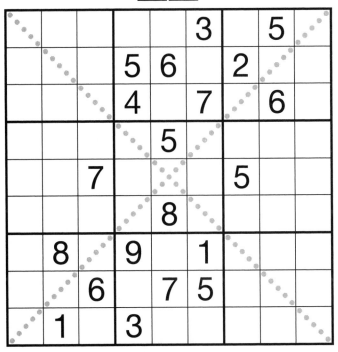

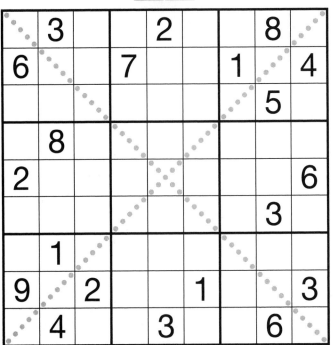

Diagonal Sudoku

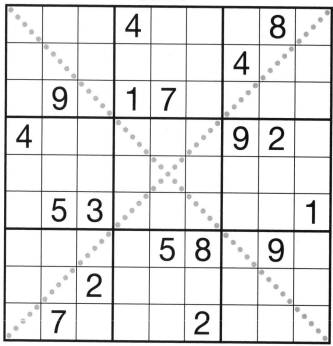

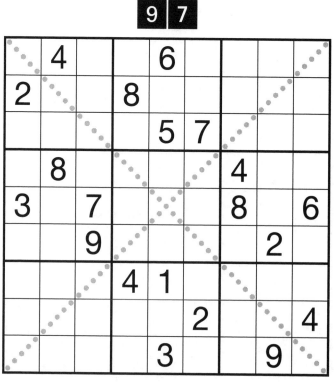

Diagonal Sudoku

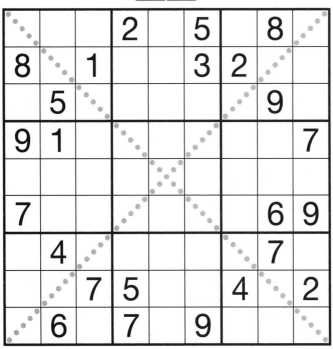

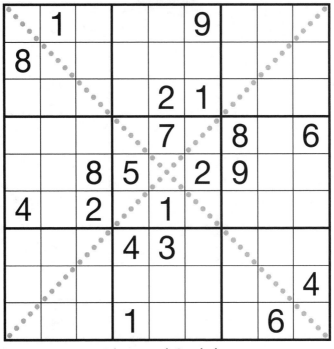

Diagonal Sudoku

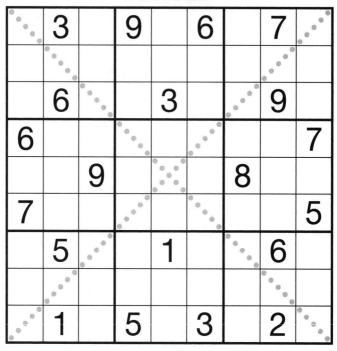

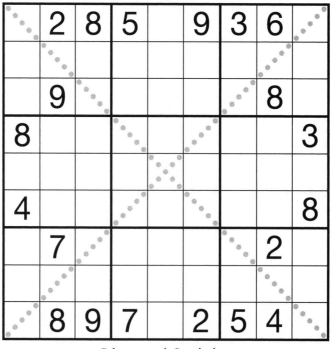

58   Diagonal Sudoku

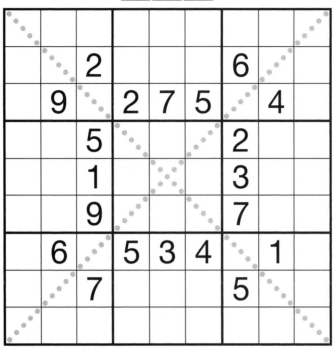

		2				6		
	9		2	7	5		4	
		5				2		
		1				3		
		9				7		
	6		5	3	4		1	
		7				5		

103

	4				6			
8								2
				8			9	7
9								
1	6						2	3
								8
4	7			9				
2								4
			6				1	

Diagonal Sudoku

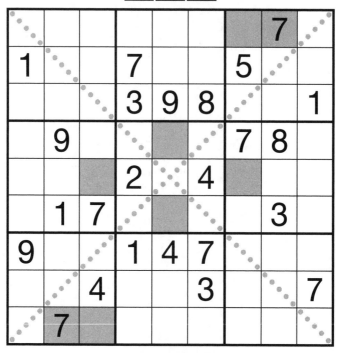

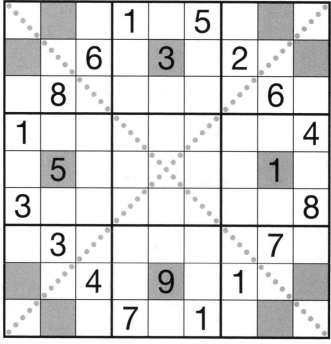

Diagonal Odd Sudoku

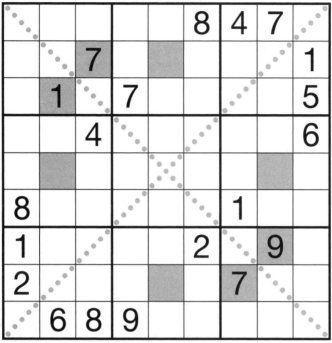

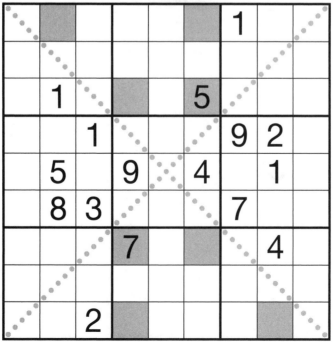

Diagonal Odd Sudoku

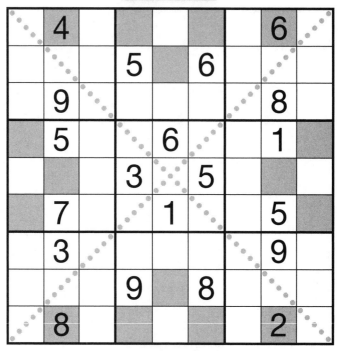

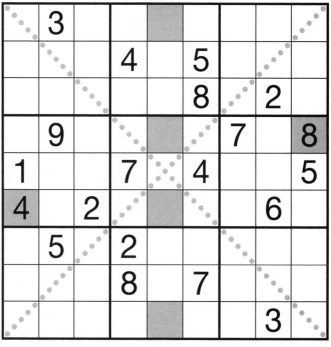

Diagonal Even Sudoku

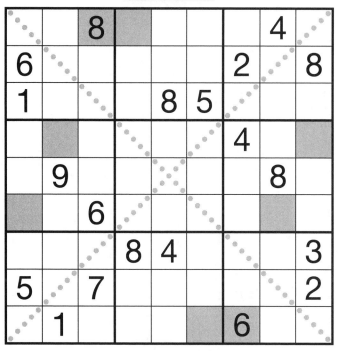

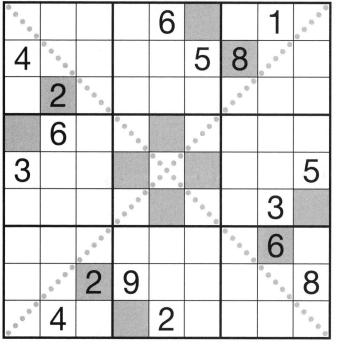

Diagonal Even Sudoku

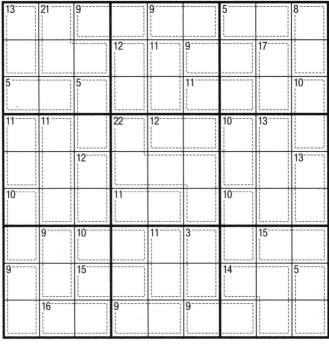

Killer Sudoku

114

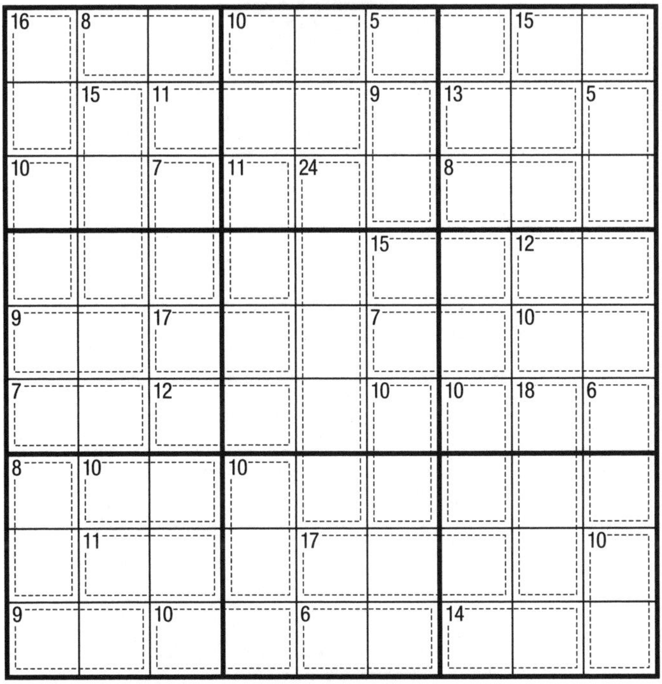
16 8 10 5 15
15 11 9 13 5
10 7 11 24 8
15 12
9 17 7 10
7 12 10 10 18 6
8 10 10
11 17 10
9 10 6 14

115

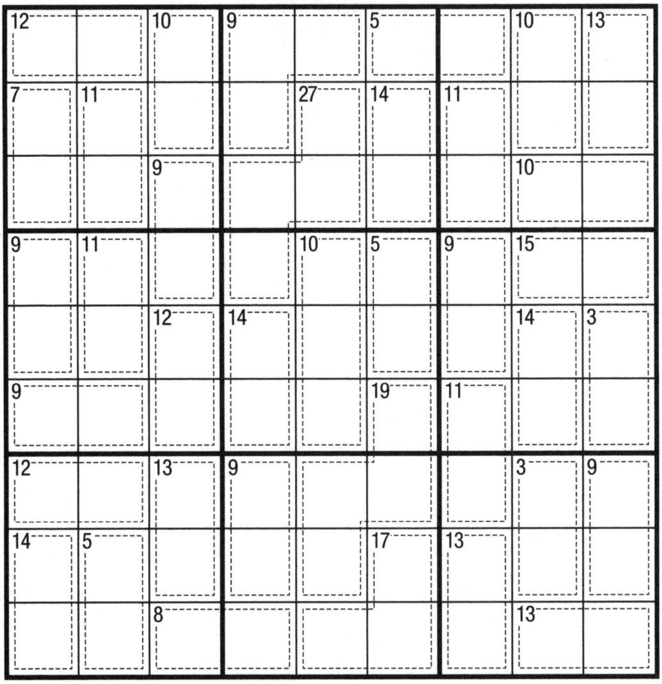
12 10 9 5 10 13
7 11 27 14 11
9 10
9 11 10 5 9 15
12 14 14 3
9 19 11
12 13 9 3 9
14 5 17 13
8 13

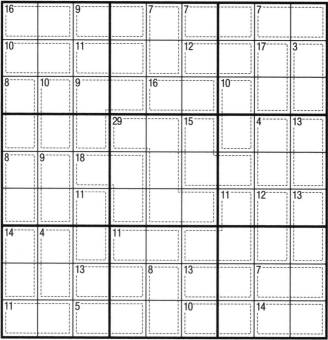

Killer Sudoku

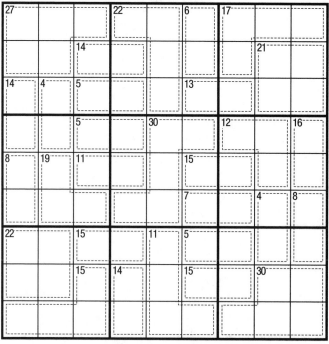

1 2 2

1 2 3

Killer Sudoku  69

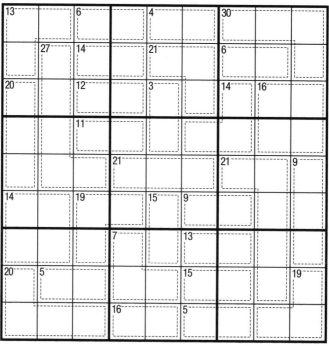

Killer Sudoku

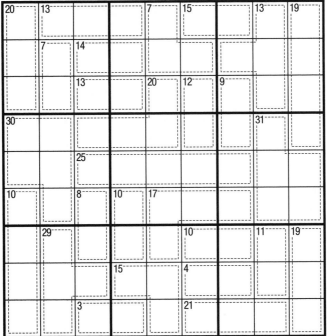

Killer Sudoku

Killer Sudoku

130

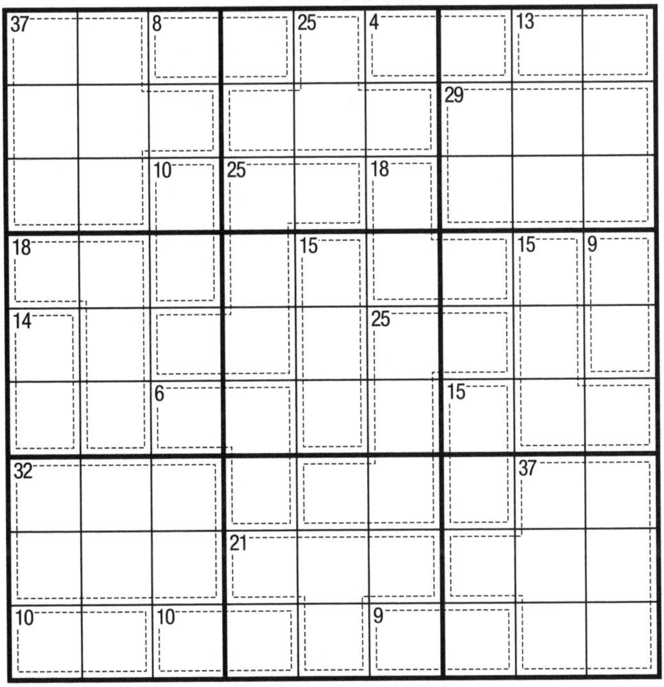
37
8
25
4
13
29
10
25
18
18
15
15
9
14
25
6
15
32
37
21
10
10
9

131

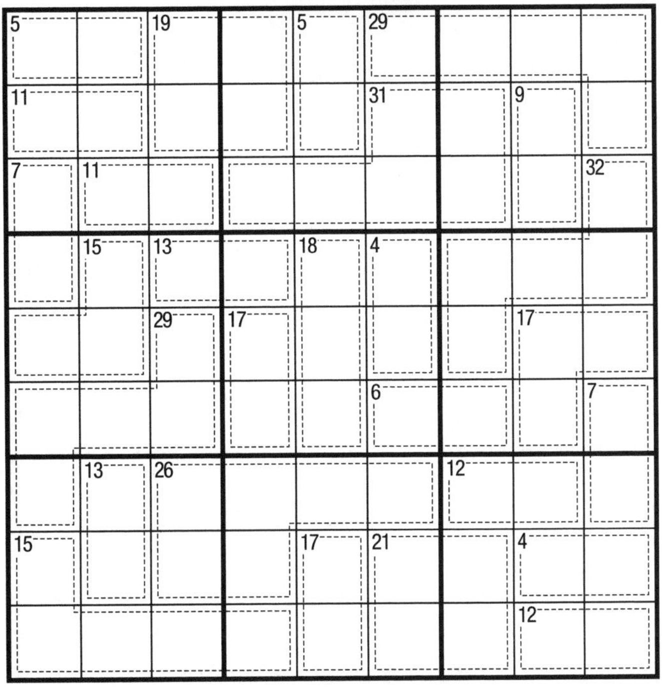
5
19
5
29
11
31
9
7
11
32
15
13
18
4
29
17
17
6
7
13
26
12
15
17
21
4
12

Killer Sudoku

Killer Sudoku

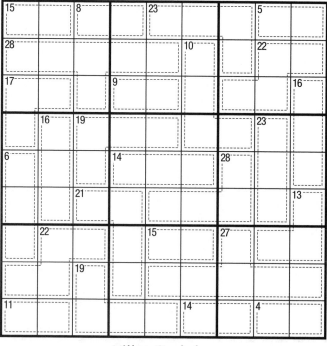

Killer Sudoku

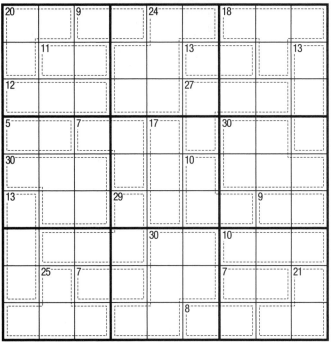

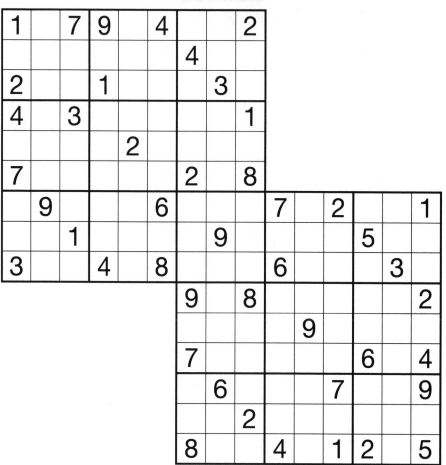

Multi-Sudoku

Multi-Sudoku

Top-left grid

1					8	5		2
				4				
			9				1	
		5		2		7	3	
	3			8				
2	6		8		1			
9			8					
		6						
6		5	4					

Bottom-right grid

					8	7		9
					1			
				6				3
			1		6		9	7
		3				4		
6	4		7		3			
4				2				
			5					
1		7	8					2

Grid 1 (top-left)

```
. . . | . . . | 3 . .
. 8 . | . . 5 | . 4 .
. . 7 | . . 8 | 6 . 5
------+-------+------
. . . | . 5 . | 7 3 .
. . . | 7 . 2 | . . .
. 9 1 | . 6 . | . . .
------+-------+------
3 . 5 | 4 . . | . . .
. 2 . | 6 . . | . . .
. . 8 | . . . | . . .
```

Grid 2 (bottom-right, overlapping Grid 1)

```
. . . | . . . | 6 . .
. . . | . . 2 | . 7 .
. . . | . . 7 | 5 . 2
------+-------+------
. . . | . 2 . | 4 5 .
. . . | 7 . 9 | . . .
. 3 6 | . 8 . | . . .
------+-------+------
3 . 8 | 6 . . | 1 . .
. 1 . | 5 . . | . 3 .
. . 9 | . . . | . . .
```

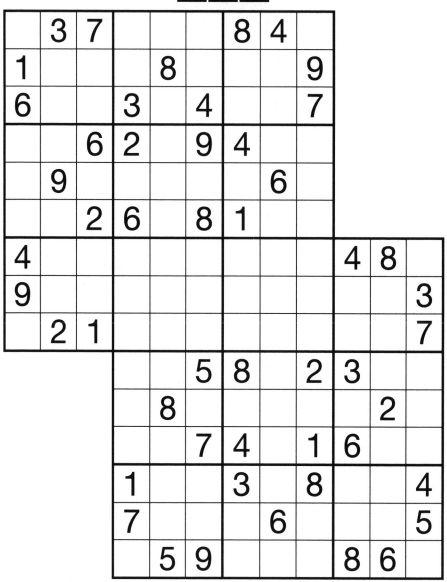

Multi-Sudoku

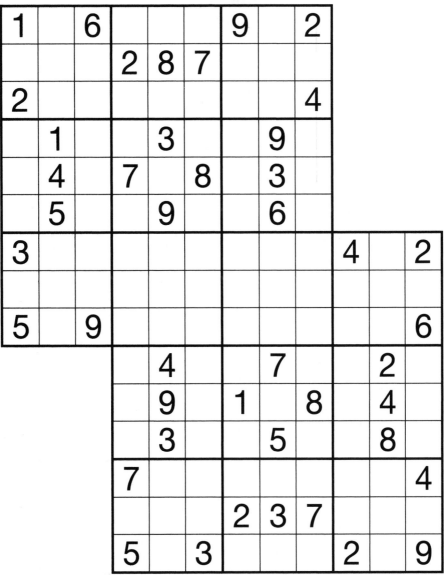

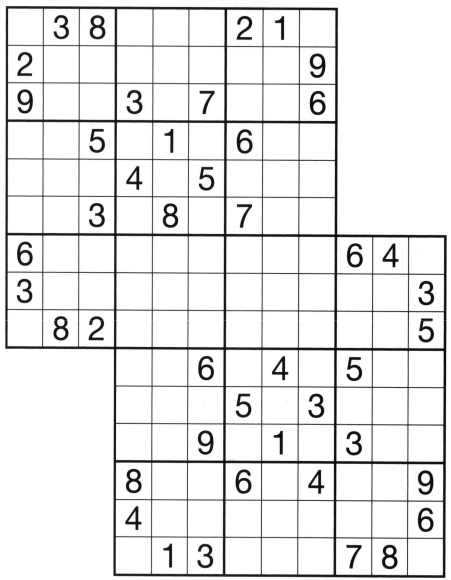

Multi-Sudoku

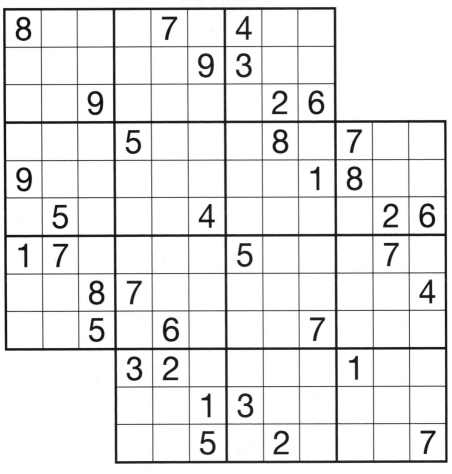

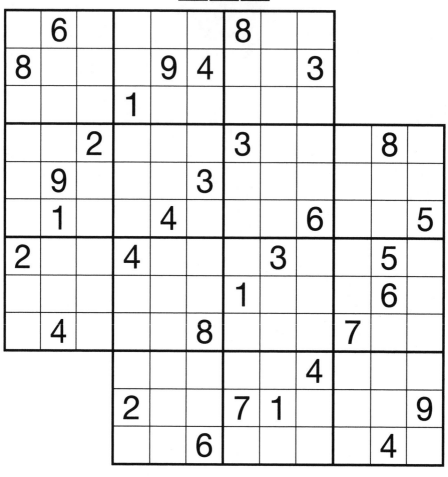

Multi-Sudoku

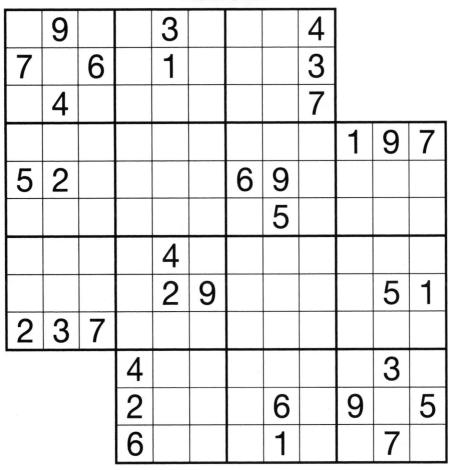

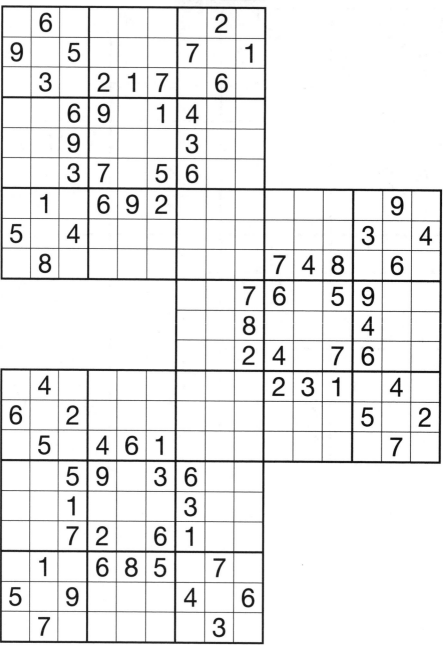

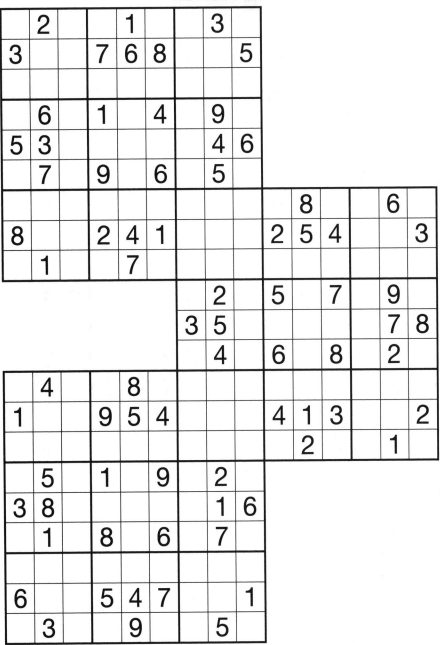

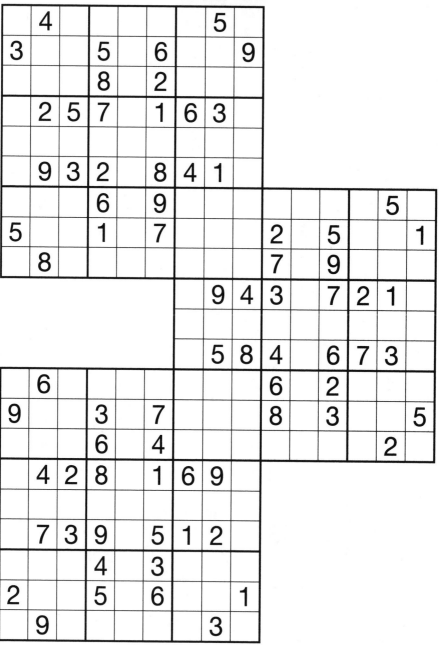

Multi-Sudoku

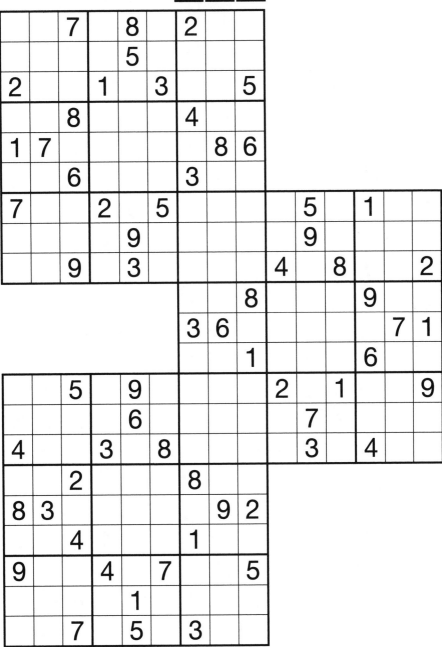

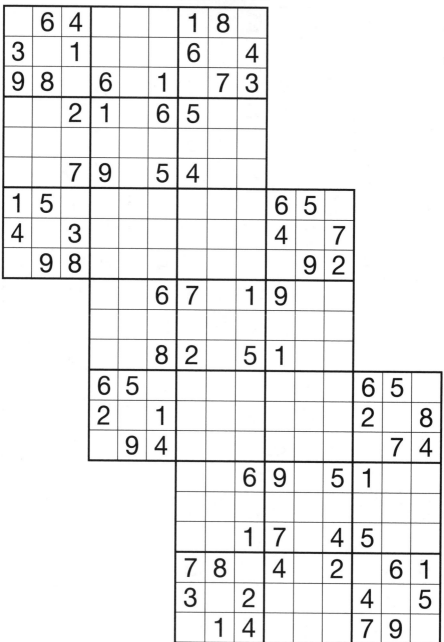

Multi-Sudoku

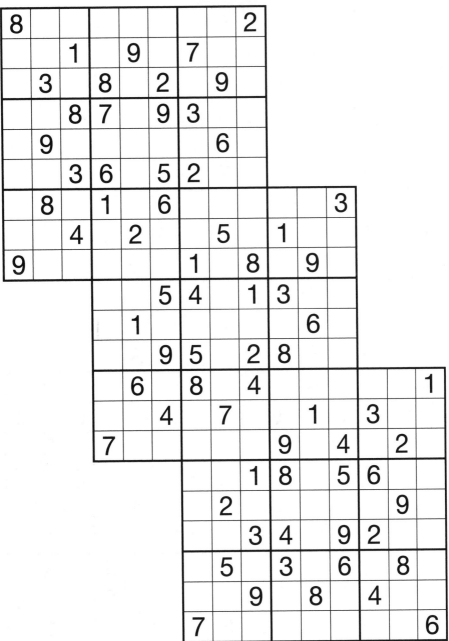

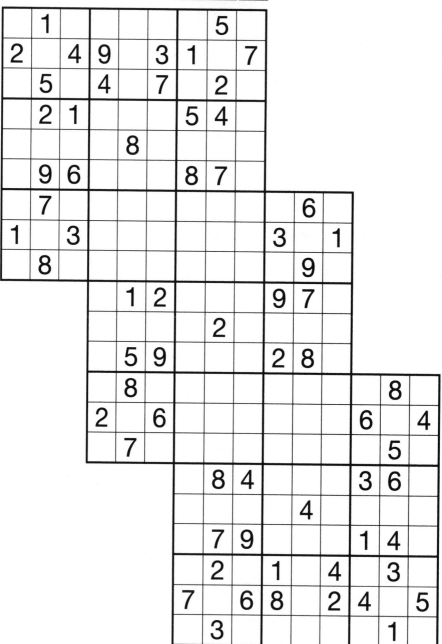

Multi-Sudoku

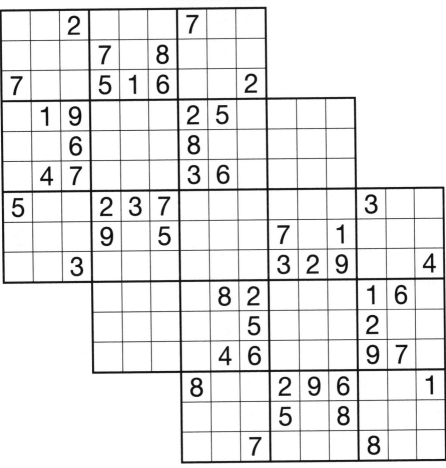

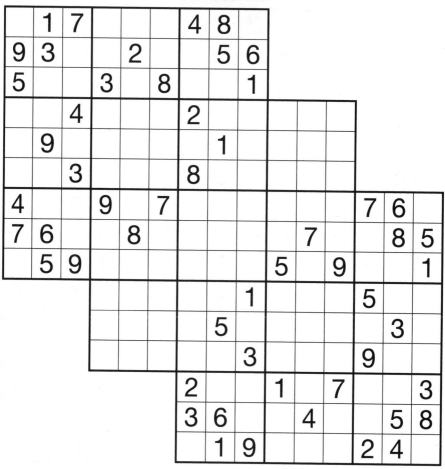

Multi-Sudoku

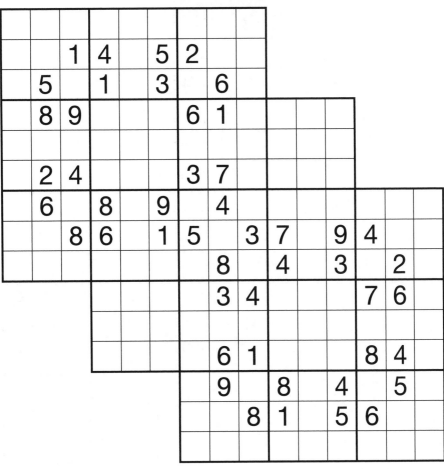

Irregular/Diagonal Multi-Sudoku

Irregular/Diagonal Multi-Sudoku 99

The top grid (upper-left 9×9):

			6		1			
			9		5			
	9	4		7		3	1	
			5		8			
	7	8		4		2	5	
			4		3			
			1		2			

The bottom grid (lower-right 9×9):

			4		1			
			6		7			
	1	8		4		2	9	
			7		9			
	9	6		5		7	3	
			9		2			
			1		3			

Diagonal Multi-Sudoku

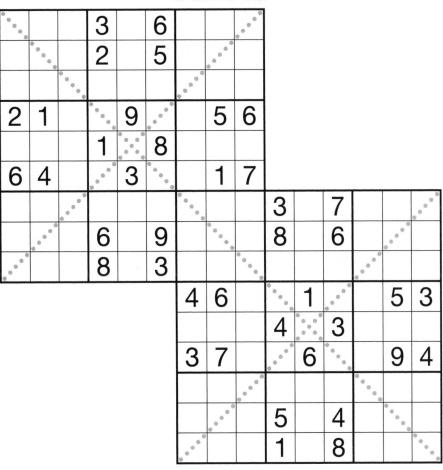

Diagonal Multi-Sudoku   101

8 | 9 | 2 | 7
2 | | | | | 5
| | 3 | |
7 | | | | 9
| 3 | | 4
6 | | | 7
| 8 | | 1 | 3 | 9
5 | | | | | 4
9 | 2 | 3 | | 8
8 | | | | 7
| 6 | | 2
1 | | | 5
| 2 |
5 | | 2
6 | 5 | 1 | 7

Irregular Multi-Sudoku

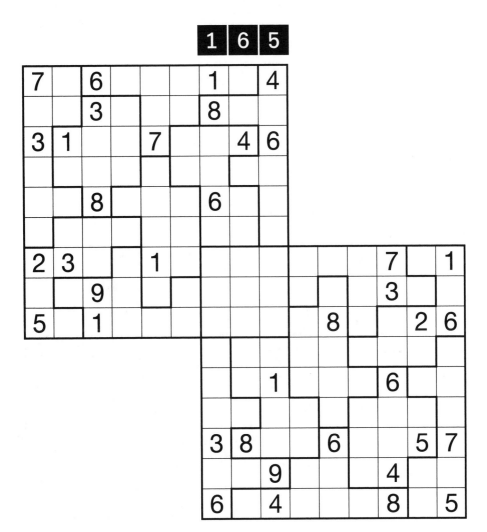

Diagonal/Odd Multi-Sudoku

Diagonal/Even Multi-Sudoku

Even/Odd Multi-Sudoku

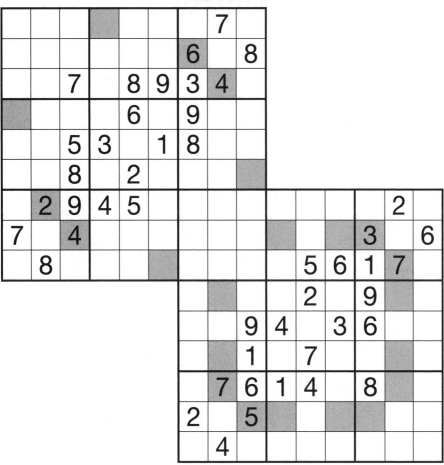

ANSWERS

1

11	10	3	12	4	1	5	6	8	9	7	2
5	2	7	8	9	11	10	3	4	12	6	1
9	1	6	4	8	7	12	2	3	5	11	10
3	12	2	9	11	5	6	4	10	8	1	7
10	4	1	6	7	8	3	12	11	2	9	5
8	5	11	7	1	9	2	10	6	4	3	12
12	11	5	2	3	10	1	8	7	6	4	9
4	8	10	1	12	6	7	9	5	11	2	3
6	7	9	3	5	2	4	11	1	10	12	8
2	3	4	5	10	12	11	7	9	1	8	6
7	9	12	10	6	4	8	1	2	3	5	11
1	6	8	11	2	3	9	5	12	7	10	4

2

1	11	3	12	6	8	9	7	10	2	5	4
9	6	5	2	3	4	1	10	11	7	12	8
7	10	4	8	2	5	12	11	6	3	1	9
12	9	7	10	11	2	4	1	3	8	6	5
11	4	6	5	8	10	7	3	1	9	2	12
2	8	1	3	12	6	5	9	7	4	11	10
5	7	12	9	4	3	11	6	8	1	10	2
4	3	10	6	9	1	8	2	12	5	7	11
8	2	11	1	7	12	10	5	4	6	9	3
10	1	9	4	5	7	3	12	2	11	8	6
3	12	2	11	1	9	6	8	5	10	4	7
6	5	8	7	10	11	2	4	9	12	3	1

3

1	11	7	4	2	9	10	5	12	3	6	8
8	2	10	12	4	1	6	3	5	7	9	11
3	9	5	6	12	11	8	7	4	1	2	10
5	7	9	1	10	4	12	11	3	2	8	6
4	3	6	11	5	8	2	9	7	12	10	1
2	10	12	8	6	7	3	1	11	4	5	9
7	12	1	10	9	5	11	6	2	8	3	4
6	8	4	2	3	10	7	12	9	11	1	5
11	5	3	9	8	2	1	4	6	10	12	7
12	1	11	3	7	6	9	8	10	5	4	2
9	4	2	7	1	12	5	10	8	6	11	3
10	6	8	5	11	3	4	2	1	9	7	12

4

3	9	2	6	7	4	11	10	8	12	1	5
11	10	1	5	9	6	8	12	3	4	7	2
12	8	4	7	5	1	3	2	10	9	11	6
5	2	7	1	6	11	4	9	12	3	10	8
4	6	3	8	12	10	1	7	2	11	5	9
9	12	11	10	2	8	5	3	7	6	4	1
2	11	5	4	1	3	12	6	9	7	8	10
8	7	6	3	10	5	9	11	4	1	2	12
10	1	12	9	4	2	7	8	11	5	6	3
7	3	10	11	8	9	6	1	5	2	12	4
6	4	9	2	11	12	10	5	1	8	3	7
1	5	8	12	3	7	2	4	6	10	9	11

5

2	6	4	5	1	3
4	3	1	2	6	5
6	2	5	1	3	4
3	5	6	4	2	1
1	4	2	3	5	6
5	1	3	6	4	2

6

2	4	1	3	5	6
5	1	2	6	3	4
1	5	4	2	6	3
6	3	5	4	2	1
4	6	3	5	1	2
3	2	6	1	4	5

7

3	5	4	6	1	2
5	4	6	1	2	3
4	6	1	2	3	5
6	1	2	3	5	4
1	2	3	5	4	6
2	3	5	4	6	1

8

1	4	2	3	5	6
6	2	3	5	1	4
5	6	4	2	3	1
3	1	6	4	2	5
4	3	5	1	6	2
2	5	1	6	4	3

9

2	5	3	6	1	4
3	2	4	1	6	5
1	4	6	5	2	3
6	3	5	2	4	1
5	1	2	4	3	6
4	6	1	3	5	2

10

6	2	4	5	3	1
2	3	6	1	4	5
4	1	5	6	2	3
5	6	2	3	1	4
3	4	1	2	5	6
1	5	3	4	6	2

11

4	6	5	3	1	2
1	5	2	4	3	6
2	1	4	6	5	3
3	2	6	1	4	5
6	3	1	5	2	4
5	4	3	2	6	1

12

6	5	3	2	1	4
5	4	2	1	6	3
1	2	4	6	3	5
2	3	1	5	4	6
4	1	6	3	5	2
3	6	5	4	2	1

13

1	4	3	6	2	5
5	3	2	4	1	6
6	5	1	2	4	3
4	6	5	1	3	2
2	1	6	3	5	4
3	2	4	5	6	1

14

1	5	2	6	3	4
6	1	4	3	5	2
2	3	6	5	4	1
3	4	5	2	1	6
4	2	3	1	6	5
5	6	1	4	2	3

15

6	3	5	1	2	4
2	6	4	3	5	1
4	2	3	6	1	5
5	1	6	4	3	2
1	4	2	5	6	3
3	5	1	2	4	6

16

5	1	4	3	6	2
3	4	2	1	5	6
2	5	1	6	3	4
1	3	6	2	4	5
6	2	5	4	1	3
4	6	3	5	2	1

17

6	4	5	1	2	3
4	3	2	6	1	5
1	2	3	5	6	4
2	5	1	4	3	6
5	1	6	3	4	2
3	6	4	2	5	1

18

3	4	2	5	1	6
6	1	5	3	4	2
2	6	1	4	5	3
4	5	3	2	6	1
1	3	4	6	2	5
5	2	6	1	3	4

19

6	2	3	5	1	4
3	1	5	4	6	2
4	5	2	6	3	1
1	3	4	2	5	6
5	4	6	1	2	3
2	6	1	3	4	5

8	7	6	9	3	1	5	2	4
3	1	2	8	5	4	6	9	7
4	6	5	1	2	7	3	8	9
9	2	4	7	1	6	8	3	5
1	3	8	5	4	9	7	6	2
5	9	7	6	8	2	4	1	3
2	4	1	3	6	5	9	7	8
6	8	9	4	7	3	2	5	1
7	5	3	2	9	8	1	4	6

9	8	7	4	2	1	3	6	5
4	9	6	7	3	2	1	5	8
7	1	4	9	6	8	5	2	3
2	4	9	5	8	6	7	3	1
1	5	3	2	7	9	4	8	6
8	6	1	3	5	7	9	4	2
5	7	8	6	1	3	2	9	4
6	3	2	1	4	5	8	7	9
3	2	5	8	9	4	6	1	7

2	4	8	7	9	6	1	3	5
5	7	9	4	6	1	3	2	8
9	1	5	2	3	8	4	6	7
8	3	6	1	7	5	2	4	9
4	6	3	9	2	7	5	8	1
3	2	7	5	1	4	8	9	6
6	8	1	3	4	9	7	5	2
1	9	4	8	5	2	6	7	3
7	5	2	6	8	3	9	1	4

8	7	1	4	6	2	5	3	9
9	2	4	1	8	5	3	6	7
3	6	9	2	1	7	8	4	5
4	5	2	6	7	3	9	8	1
5	9	6	8	3	1	4	7	2
6	4	7	9	5	8	1	2	3
2	3	5	7	4	9	6	1	8
7	1	8	3	9	6	2	5	4
1	8	3	5	2	4	7	9	6

2	6	7	5	8	3	1	4	9
7	8	4	1	6	2	9	3	5
3	5	8	9	1	4	7	2	6
9	3	5	2	4	7	6	8	1
4	1	6	7	9	8	3	5	2
1	2	9	8	3	6	5	7	4
5	7	3	6	2	1	4	9	8
8	9	1	4	7	5	2	6	3
6	4	2	3	5	9	8	1	7

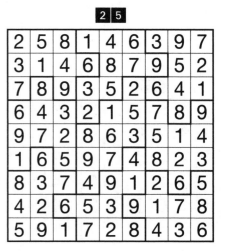

2	5	8	1	4	6	3	9	7
3	1	4	6	8	7	9	5	2
7	8	9	3	5	2	6	4	1
6	4	3	2	1	5	7	8	9
9	7	2	8	6	3	5	1	4
1	6	5	9	7	4	8	2	3
8	3	7	4	9	1	2	6	5
4	2	6	5	3	9	1	7	8
5	9	1	7	2	8	4	3	6

26

2	3	9	4	1	6	7	8	5
4	6	8	9	7	5	2	1	3
7	8	3	2	5	4	1	6	9
5	1	6	7	8	3	9	4	2
1	9	5	3	2	8	6	7	4
6	7	2	1	4	9	5	3	8
3	5	7	8	6	2	4	9	1
9	2	4	6	3	1	8	5	7
8	4	1	5	9	7	3	2	6

27

3	7	1	2	8	9	6	5	4
6	5	8	7	1	4	3	9	2
2	4	7	9	5	3	1	6	8
8	3	2	4	6	5	9	7	1
9	1	5	3	2	8	7	4	6
5	2	4	1	9	6	8	3	7
4	9	6	5	7	1	2	8	3
7	6	3	8	4	2	5	1	9
1	8	9	6	3	7	4	2	5

28

1	7	4	5	9	6	2	3	8
6	8	9	7	1	2	5	4	3
5	3	2	4	8	1	6	9	7
2	5	1	9	4	8	3	7	6
4	6	5	3	2	7	1	8	9
3	4	7	1	6	9	8	5	2
8	9	6	2	3	5	7	1	4
9	1	8	6	7	3	4	2	5
7	2	3	8	5	4	9	6	1

29

3	6	7	2	1	9	4	8	5
8	4	9	5	7	6	1	2	3
2	5	1	9	4	8	6	3	7
7	8	5	4	3	2	9	6	1
4	3	6	8	2	1	7	5	9
1	9	3	7	6	5	8	4	2
6	2	8	1	9	3	5	7	4
9	7	2	6	5	4	3	1	8
5	1	4	3	8	7	2	9	6

30

9	7	6	3	2	5	1	4	8
4	9	1	5	6	2	3	8	7
8	6	7	4	9	3	5	1	2
1	2	8	7	3	4	6	5	9
5	8	4	2	1	9	7	3	6
3	4	2	6	5	8	9	7	1
7	1	5	9	4	6	8	2	3
2	3	9	8	7	1	4	6	5
6	5	3	1	8	7	2	9	4

31

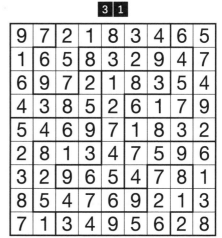

9	7	2	1	8	3	4	6	5
1	6	5	8	3	2	9	4	7
6	9	7	2	1	8	3	5	4
4	3	8	5	2	6	1	7	9
5	4	6	9	7	1	8	3	2
2	8	1	3	4	7	5	9	6
3	2	9	6	5	4	7	8	1
8	5	4	7	6	9	2	1	3
7	1	3	4	9	5	6	2	8

3 2

8	9	4	2	7	1	6	5	3
7	4	1	5	3	6	9	2	8
5	3	2	9	6	8	1	7	4
9	6	7	3	8	5	4	1	2
1	8	3	7	9	4	2	6	5
2	5	6	1	4	7	3	8	9
3	1	8	6	2	9	5	4	7
6	7	9	4	5	2	8	3	1
4	2	5	8	1	3	7	9	6

3 3

1	8	3	6	4	2	9	5	7
3	9	4	5	7	8	1	6	2
8	7	5	2	6	4	3	9	1
9	6	1	7	2	3	8	4	5
4	2	9	8	5	6	7	1	3
5	1	6	3	9	7	4	2	8
2	4	8	1	3	9	5	7	6
7	5	2	4	8	1	6	3	9
6	3	7	9	1	5	2	8	4

3 4

5	4	9	3	8	2	6	1	7
9	1	2	6	5	8	7	4	3
3	7	8	1	2	4	5	6	9
6	2	1	7	3	9	8	5	4
4	9	7	8	6	1	3	2	5
8	3	4	5	7	6	1	9	2
1	8	3	2	4	5	9	7	6
2	5	6	9	1	7	4	3	8
7	6	5	4	9	3	2	8	1

3 5

4	3	2	7	9	1	6	5	8
8	1	4	6	5	2	7	9	3
1	5	3	4	8	9	2	7	6
7	6	8	9	2	5	3	4	1
2	9	6	5	1	8	4	3	7
5	2	9	8	7	3	1	6	4
9	7	1	3	4	6	5	8	2
3	8	7	1	6	4	9	2	5
6	4	5	2	3	7	8	1	9

3 6

4	6	2	9	8	7	1	3	5
1	2	5	7	4	9	3	6	8
9	7	6	3	5	2	4	8	1
7	9	3	4	1	8	5	2	6
5	8	7	1	3	4	6	9	2
2	5	4	8	6	3	7	1	9
6	3	8	5	9	1	2	4	7
8	4	1	2	7	6	9	5	3
3	1	9	6	2	5	8	7	4

3 7

1	4	8	3	7	2	9	6	5
8	6	9	2	5	1	3	7	4
6	9	4	7	1	8	5	2	3
5	7	3	4	6	9	2	1	8
3	1	2	9	4	6	8	5	7
9	5	6	1	8	4	7	3	2
7	2	5	8	9	3	6	4	1
4	3	7	6	2	5	1	8	9
2	8	1	5	3	7	4	9	6

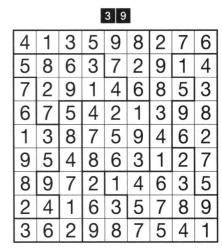

38

2	1	4	7	5	9	3	8	6
7	3	8	2	4	6	9	5	1
9	4	1	6	2	8	5	3	7
6	5	7	3	9	1	8	4	2
5	8	3	4	1	7	2	6	9
4	7	6	5	8	2	1	9	3
8	2	9	1	3	5	6	7	4
1	6	5	9	7	3	4	2	8
3	9	2	8	6	4	7	1	5

39

4	1	3	5	9	8	2	7	6
5	8	6	3	7	2	9	1	4
7	2	9	1	4	6	8	5	3
6	7	5	4	2	1	3	9	8
1	3	8	7	5	9	4	6	2
9	5	4	8	6	3	1	2	7
8	9	7	2	1	4	6	3	5
2	4	1	6	3	5	7	8	9
3	6	2	9	8	7	5	4	1

40

5	2	3	8	6	7	1	9	4
1	9	7	4	3	6	8	5	2
7	1	6	5	8	2	3	4	9
6	7	8	3	1	9	4	2	5
4	5	9	7	2	3	6	1	8
2	4	1	6	5	8	9	7	3
8	3	2	9	4	1	5	6	7
9	8	4	1	7	5	2	3	6
3	6	5	2	9	4	7	8	1

41

9	1	8	7	5	6	4	3	2
3	7	5	9	2	1	8	4	6
4	8	2	6	3	5	7	1	9
1	3	4	5	6	7	9	2	8
8	9	7	4	1	2	3	6	5
5	6	1	3	9	8	2	7	4
2	5	3	8	7	4	6	9	1
6	4	9	2	8	3	1	5	7
7	2	6	1	4	9	5	8	3

42

2	6	4	8	3	9	7	1	5
4	8	6	9	7	3	5	2	1
1	5	3	6	2	4	9	7	8
8	7	9	4	1	5	2	3	6
6	1	7	5	8	2	3	9	4
3	4	1	2	9	6	8	5	7
7	2	8	3	5	1	4	6	9
5	9	2	7	6	8	1	4	3
9	3	5	1	4	7	6	8	2

43

7	6	2	4	1	5	3	9	8
8	3	9	1	7	4	5	2	6
2	1	5	9	3	8	6	7	4
9	8	6	5	4	3	2	1	7
5	4	7	3	8	2	9	6	1
6	5	4	7	2	9	1	8	3
3	9	1	2	6	7	8	4	5
1	7	3	8	9	6	4	5	2
4	2	8	6	5	1	7	3	9

44

7	2	5	8	6	1	4	9	3
4	5	6	7	9	3	1	8	2
9	4	8	3	1	6	5	2	7
5	6	3	1	4	2	9	7	8
8	3	1	9	2	7	6	4	5
1	9	7	2	5	4	8	3	6
3	8	9	6	7	5	2	1	4
2	7	4	5	8	9	3	6	1
6	1	2	4	3	8	7	5	9

45

3	2	8	1	5	4	9	7	6
8	7	9	3	2	6	4	1	5
9	6	5	4	1	7	8	2	3
4	5	1	8	3	2	7	6	9
6	3	7	2	9	1	5	4	8
1	9	4	5	7	3	6	8	2
5	4	3	7	6	8	2	9	1
7	1	2	6	8	9	3	5	4
2	8	6	9	4	5	1	3	7

46

1	2	8	3	9	7	5	6	4
9	7	3	6	5	2	1	4	8
5	4	9	1	7	8	3	2	6
6	5	2	8	4	1	9	3	7
4	1	7	2	3	6	8	5	9
7	6	4	5	8	9	2	1	3
2	9	6	4	1	3	7	8	5
8	3	1	7	6	5	4	9	2
3	8	5	9	2	4	6	7	1

47

8	1	5	3	9	4	7	2	6
3	7	4	2	1	8	6	5	9
5	6	2	1	8	3	4	9	7
6	5	9	4	3	1	8	7	2
4	8	6	9	7	2	1	3	5
1	3	7	5	4	9	2	6	8
2	9	8	7	6	5	3	4	1
7	2	3	8	5	6	9	1	4
9	4	1	6	2	7	5	8	3

48

6	5	4	9	8	3	7	1	2
3	8	1	4	2	7	6	9	5
7	9	6	2	1	4	5	3	8
2	7	3	8	5	1	9	6	4
5	1	9	3	6	8	4	2	7
9	4	5	6	7	2	3	8	1
8	6	7	1	4	9	2	5	3
4	2	8	5	3	6	1	7	9
1	3	2	7	9	5	8	4	6

49

5	7	4	8	6	1	9	2	3
1	5	2	7	8	6	4	3	9
4	1	3	5	2	9	6	8	7
6	3	7	4	1	2	5	9	8
9	4	6	3	5	7	8	1	2
8	6	9	2	4	5	3	7	1
7	8	1	6	9	3	2	4	5
3	2	5	9	7	8	1	6	4
2	9	8	1	3	4	7	5	6

5 0

8	9	3	12	7	2	5	4	6	1	10	11
6	12	5	3	9	10	8	11	1	2	4	7
4	10	7	5	6	3	1	2	11	12	8	9
1	2	11	10	4	9	7	5	8	3	12	6
7	11	12	9	2	1	10	6	4	8	3	5
10	5	6	2	8	12	4	9	3	7	11	1
3	4	1	11	10	7	12	8	5	9	6	2
9	6	8	7	3	5	11	1	12	10	2	4
12	3	2	6	1	11	9	7	10	4	5	8
11	1	9	8	12	4	6	3	2	5	7	10
2	8	4	1	5	6	3	10	7	11	9	12
5	7	10	4	11	8	2	12	9	6	1	3

5 1

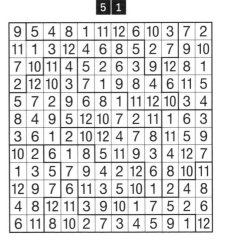

9	5	4	8	1	11	12	6	10	3	7	2
11	1	3	12	4	6	8	5	2	7	9	10
7	10	11	4	5	2	6	3	9	12	8	1
2	12	10	3	7	1	9	8	4	6	11	5
5	7	2	9	6	8	1	11	12	10	3	4
8	4	9	5	12	10	7	2	11	1	6	3
3	6	1	2	10	12	4	7	8	11	5	9
10	2	6	1	8	5	11	9	3	4	12	7
1	3	5	7	9	4	2	12	6	8	10	11
12	9	7	6	11	3	5	10	1	2	4	8
4	8	12	11	3	9	10	1	7	5	2	6
6	11	8	10	2	7	3	4	5	9	1	12

5 2

6	3	9	12	4	7	1	8	10	5	11	2
4	11	5	7	10	12	2	6	8	1	3	9
9	8	2	10	1	11	3	4	5	12	7	6
8	1	3	4	9	5	6	10	12	7	2	11
11	2	7	5	12	6	8	3	1	9	10	4
5	9	6	8	7	2	10	1	3	11	4	12
1	12	10	3	11	4	5	9	7	2	6	8
10	4	8	2	3	9	12	7	11	6	5	1
7	5	1	11	6	10	9	12	2	4	8	3
12	7	11	6	5	8	4	2	9	3	1	10
2	6	12	1	8	3	7	11	4	10	9	5
3	10	4	9	2	1	11	5	6	8	12	7

5 3

5	6	9	8	2	1	10	11	7	12	3	4
12	11	4	1	3	5	7	9	8	6	2	10
7	10	3	6	8	12	2	4	11	9	5	1
2	1	7	11	12	3	5	10	6	4	8	9
9	4	8	5	10	6	12	1	3	2	11	7
8	3	11	10	5	9	4	7	2	1	12	6
6	7	2	12	1	4	11	8	9	5	10	3
1	5	12	2	6	8	9	3	10	7	4	11
4	9	10	3	7	11	1	2	5	8	6	12
11	8	1	7	4	2	3	6	12	10	9	5
3	12	6	4	9	10	8	5	1	11	7	2
10	2	5	9	11	7	6	12	4	3	1	8

5 4

8	10	12	9	5	2	3	4	1	6	7	11
9	6	1	3	11	8	2	7	5	10	4	12
3	11	7	12	4	1	10	8	6	9	2	5
4	1	2	7	6	10	9	12	11	5	3	8
2	5	8	11	3	12	6	10	4	7	9	1
5	4	9	10	7	6	1	11	8	2	12	3
10	3	11	5	1	9	12	2	7	4	8	6
11	12	10	2	8	4	5	9	3	1	6	7
12	7	6	1	9	5	8	3	2	11	10	4
7	9	5	6	10	3	4	1	12	8	11	2
1	2	4	8	12	7	11	6	9	3	5	10
6	8	3	4	2	11	7	5	10	12	1	9

5 5

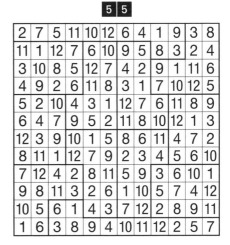

2	7	5	11	10	12	6	4	1	9	3	8
11	1	12	7	6	10	9	5	8	3	2	4
3	10	8	5	12	7	4	2	9	1	11	6
4	9	2	6	11	8	3	1	7	10	12	5
5	2	10	4	3	1	12	7	6	11	8	9
6	4	7	9	5	2	11	8	10	12	1	3
12	3	9	10	1	5	8	6	11	4	7	2
8	11	1	12	7	9	2	3	4	5	6	10
7	12	4	2	8	11	5	9	3	6	10	1
9	8	11	3	2	6	1	10	5	7	4	12
10	5	6	1	4	3	7	12	2	8	9	11
1	6	3	8	9	4	10	11	12	2	5	7

56

6	7	4	8	9	1	3	2	5
9	1	2	3	6	5	8	4	7
8	5	3	4	7	2	9	1	6
5	4	8	1	2	3	6	7	9
2	6	1	7	8	9	5	3	4
7	3	9	6	5	4	2	8	1
4	9	5	2	1	8	7	6	3
3	8	6	9	4	7	1	5	2
1	2	7	5	3	6	4	9	8

57

7	6	5	4	8	1	2	9	3
8	3	9	6	7	2	1	4	5
2	1	4	5	3	9	7	6	8
9	2	6	8	5	3	4	1	7
5	4	3	1	2	7	6	8	9
1	7	8	9	4	6	3	5	2
6	9	2	3	1	5	8	7	4
3	8	1	7	9	4	5	2	6
4	5	7	2	6	8	9	3	1

58

1	6	7	9	2	5	8	4	3
8	2	3	6	4	7	1	5	9
4	5	9	3	1	8	6	7	2
2	1	8	7	9	6	5	3	4
9	3	5	4	8	2	7	6	1
7	4	6	1	5	3	2	9	8
6	7	2	8	3	9	4	1	5
3	8	1	5	7	4	9	2	6
5	9	4	2	6	1	3	8	7

59

2	9	6	7	4	8	5	1	3
5	1	7	3	9	2	8	6	4
3	8	4	6	5	1	2	7	9
9	2	3	1	6	4	7	5	8
8	6	1	5	7	9	3	4	2
4	7	5	2	8	3	6	9	1
7	4	2	9	3	5	1	8	6
1	5	9	8	2	6	4	3	7
6	3	8	4	1	7	9	2	5

60

9	3	6	7	8	2	1	5	4
2	8	7	4	1	5	9	6	3
1	5	4	9	3	6	8	2	7
7	2	8	3	9	1	6	4	5
6	9	3	5	4	8	7	1	2
5	4	1	2	6	7	3	9	8
3	1	2	6	7	4	5	8	9
4	6	9	8	5	3	2	7	1
8	7	5	1	2	9	4	3	6

61

1	3	5	2	6	8	7	4	9
9	6	2	3	4	7	8	5	1
8	7	4	1	5	9	6	2	3
7	9	3	8	1	2	5	6	4
6	4	8	9	3	5	2	1	7
2	5	1	4	7	6	3	9	8
5	1	6	7	9	3	4	8	2
4	8	7	5	2	1	9	3	6
3	2	9	6	8	4	1	7	5

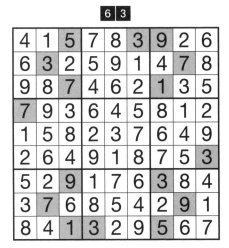

6 2

4	1	7	6	5	2	8	3	9
6	9	3	8	7	1	2	5	4
2	8	5	9	4	3	1	6	7
9	2	8	7	1	6	5	4	3
7	3	1	4	2	5	9	8	6
5	6	4	3	9	8	7	2	1
8	7	9	5	6	4	3	1	2
3	4	2	1	8	9	6	7	5
1	5	6	2	3	7	4	9	8

6 3

4	1	5	7	8	3	9	2	6
6	3	2	5	9	1	4	7	8
9	8	7	4	6	2	1	3	5
7	9	3	6	4	5	8	1	2
1	5	8	2	3	7	6	4	9
2	6	4	9	1	8	7	5	3
5	2	9	1	7	6	3	8	4
3	7	6	8	5	4	2	9	1
8	4	1	3	2	9	5	6	7

6 4

9	1	7	6	8	5	2	3	4
4	6	5	7	2	3	9	1	8
3	8	2	9	1	4	5	6	7
1	3	8	2	9	6	4	7	5
5	4	9	3	7	8	6	2	1
2	7	6	4	5	1	3	8	9
7	2	1	5	6	9	8	4	3
6	5	3	8	4	7	1	9	2
8	9	4	1	3	2	7	5	6

6 5

9	4	8	6	3	2	5	7	1
1	7	5	4	8	9	3	2	6
6	2	3	1	5	7	4	8	9
2	8	1	7	6	4	9	5	3
5	6	9	8	1	3	7	4	2
4	3	7	2	9	5	1	6	8
8	9	2	5	7	1	6	3	4
7	1	6	3	4	8	2	9	5
3	5	4	9	2	6	8	1	7

6 6

2	6	3	5	1	8	4	9	7
4	7	5	9	6	3	8	2	1
9	8	1	2	4	7	3	5	6
8	4	2	1	9	5	6	7	3
3	9	7	8	2	6	5	1	4
5	1	6	7	3	4	9	8	2
6	5	8	3	7	1	2	4	9
7	2	4	6	5	9	1	3	8
1	3	9	4	8	2	7	6	5

6 7

2	9	3	4	8	5	6	1	7
7	4	8	6	3	1	5	9	2
1	6	5	7	2	9	4	3	8
9	2	4	5	7	8	3	6	1
6	8	1	9	4	3	7	2	5
3	5	7	1	6	2	8	4	9
5	7	6	2	9	4	1	8	3
4	3	9	8	1	7	2	5	6
8	1	2	3	5	6	9	7	4

6 8

3	1	9	4	8	7	5	6	2
8	2	7	6	5	1	3	4	9
5	6	4	2	3	9	1	7	8
1	8	2	9	4	5	6	3	7
7	5	3	8	1	6	2	9	4
9	4	6	7	2	3	8	1	5
4	9	5	3	6	8	7	2	1
2	3	1	5	7	4	9	8	6
6	7	8	1	9	2	4	5	3

6 9

1	6	2	5	3	9	8	7	4
8	9	3	7	4	1	5	6	2
7	5	4	8	2	6	1	3	9
9	1	5	3	7	8	2	4	6
3	2	6	9	5	4	7	8	1
4	8	7	6	1	2	9	5	3
2	7	1	4	8	3	6	9	5
5	4	9	2	6	7	3	1	8
6	3	8	1	9	5	4	2	7

7 0

5	2	4	6	3	9	7	1	8
8	1	9	2	4	7	6	3	5
7	3	6	8	5	1	2	4	9
2	8	1	4	6	3	9	5	7
9	4	3	5	7	8	1	6	2
6	5	7	9	1	2	3	8	4
3	6	8	7	2	5	4	9	1
1	9	2	3	8	4	5	7	6
4	7	5	1	9	6	8	2	3

7 1

5	3	6	7	2	9	4	8	1
8	2	4	5	1	6	3	9	7
9	1	7	3	4	8	2	5	6
4	8	3	6	7	2	9	1	5
6	5	2	9	8	1	7	3	4
1	7	9	4	5	3	8	6	2
2	6	1	8	3	7	5	4	9
3	9	5	2	6	4	1	7	8
7	4	8	1	9	5	6	2	3

7 2

1	4	7	8	9	6	3	5	2
9	8	2	5	3	7	6	4	1
5	3	6	1	2	4	8	9	7
6	1	5	3	7	2	4	8	9
4	7	9	6	8	5	2	1	3
3	2	8	4	1	9	5	7	6
7	5	4	2	6	1	9	3	8
8	6	1	9	5	3	7	2	4
2	9	3	7	4	8	1	6	5

7 3

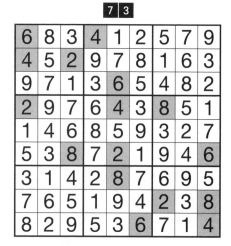

6	8	3	4	1	2	5	7	9
4	5	2	9	7	8	1	6	3
9	7	1	3	6	5	4	8	2
2	9	7	6	4	3	8	5	1
1	4	6	8	5	9	3	2	7
5	3	8	7	2	1	9	4	6
3	1	4	2	8	7	6	9	5
7	6	5	1	9	4	2	3	8
8	2	9	5	3	6	7	1	4

7 4

8	3	4	9	6	7	5	2	1
6	2	1	5	8	3	4	9	7
5	7	9	4	1	2	3	8	6
4	5	8	6	3	1	2	7	9
3	6	7	2	9	5	1	4	8
1	9	2	7	4	8	6	5	3
9	1	6	8	5	4	7	3	2
7	4	3	1	2	9	8	6	5
2	8	5	3	7	6	9	1	4

7 5

3	7	4	1	9	8	6	2	5
1	6	2	5	4	7	3	9	8
8	5	9	2	3	6	1	7	4
7	2	6	3	8	5	9	4	1
9	8	5	4	1	2	7	6	3
4	1	3	7	6	9	8	5	2
2	9	7	8	5	1	4	3	6
6	3	1	9	2	4	5	8	7
5	4	8	6	7	3	2	1	9

7 6

3	2	9	8	5	1	6	4	7
8	7	5	4	6	3	1	9	2
6	1	4	7	9	2	8	3	5
2	4	1	6	7	8	9	5	3
7	6	3	9	1	5	2	8	4
9	5	8	2	3	4	7	6	1
5	3	2	1	8	9	4	7	6
4	9	7	3	2	6	5	1	8
1	8	6	5	4	7	3	2	9

7 7

2	7	1	3	6	8	5	9	4
9	3	8	5	1	4	6	2	7
5	4	6	7	2	9	3	8	1
6	1	5	8	9	2	4	7	3
4	8	3	1	5	7	9	6	2
7	9	2	4	3	6	1	5	8
1	6	7	9	8	3	2	4	5
3	2	4	6	7	5	8	1	9
8	5	9	2	4	1	7	3	6

7 8

8	2	1	5	4	3	7	9	6
7	5	4	1	9	6	2	8	3
9	6	3	8	7	2	5	4	1
3	1	6	2	8	9	4	7	5
2	9	7	6	5	4	1	3	8
5	4	8	7	3	1	6	2	9
1	7	9	4	6	8	3	5	2
4	3	2	9	1	5	8	6	7
6	8	5	3	2	7	9	1	4

7 9

2	4	9	6	5	3	1	7	8
5	1	8	9	4	7	6	3	2
3	6	7	8	1	2	9	4	5
7	5	2	1	6	4	8	9	3
1	8	3	2	7	9	5	6	4
6	9	4	3	8	5	2	1	7
9	2	5	4	3	6	7	8	1
8	3	6	7	2	1	4	5	9
4	7	1	5	9	8	3	2	6

80

1	4	3	8	5	7	9	2	6
5	2	9	6	4	3	1	7	8
8	6	7	1	2	9	5	3	4
3	5	6	9	7	2	8	4	1
4	8	1	5	3	6	2	9	7
7	9	2	4	1	8	6	5	3
6	7	8	3	9	5	4	1	2
2	1	5	7	8	4	3	6	9
9	3	4	2	6	1	7	8	5

81

8	7	4	1	2	5	6	3	9
2	3	9	4	6	8	5	7	1
1	6	5	9	3	7	8	4	2
3	9	1	2	4	6	7	5	8
5	4	7	8	1	3	2	9	6
6	8	2	5	7	9	3	1	4
7	1	3	6	9	2	4	8	5
9	2	8	7	5	4	1	6	3
4	5	6	3	8	1	9	2	7

82

5	8	1	6	4	7	9	3	2
6	9	2	3	5	8	7	4	1
4	3	7	1	9	2	8	5	6
3	1	8	2	7	5	6	9	4
9	2	5	4	3	6	1	8	7
7	6	4	9	8	1	3	2	5
8	5	6	7	2	9	4	1	3
2	7	3	8	1	4	5	6	9
1	4	9	5	6	3	2	7	8

83

9	2	6	7	3	1	5	4	8
5	1	4	6	2	8	7	9	3
7	8	3	4	5	9	1	6	2
1	6	5	8	9	4	2	3	7
3	4	8	2	7	5	6	1	9
2	7	9	3	1	6	8	5	4
8	9	2	5	6	3	4	7	1
4	5	1	9	8	7	3	2	6
6	3	7	1	4	2	9	8	5

84

2	7	1	5	6	3	9	4	8
3	6	8	4	9	2	5	1	7
9	4	5	8	7	1	2	3	6
6	8	4	3	2	5	1	7	9
1	2	3	7	4	9	6	8	5
5	9	7	6	1	8	4	2	3
8	1	9	2	3	6	7	5	4
4	3	6	1	5	7	8	9	2
7	5	2	9	8	4	3	6	1

85

8	1	2	6	9	3	5	7	4
4	9	6	8	5	7	2	1	3
3	7	5	1	4	2	6	9	8
6	8	4	2	1	9	3	5	7
9	3	1	5	7	4	8	6	2
5	2	7	3	8	6	1	4	9
7	6	8	9	3	1	4	2	5
1	5	9	4	2	8	7	3	6
2	4	3	7	6	5	9	8	1

86

9	7	6	3	4	1	8	5	2
4	8	5	7	6	2	3	9	1
3	1	2	8	5	9	4	6	7
5	6	1	4	2	8	9	7	3
2	3	4	9	7	5	6	1	8
7	9	8	1	3	6	5	2	4
8	2	3	5	9	7	1	4	6
1	5	7	6	8	4	2	3	9
6	4	9	2	1	3	7	8	5

87

7	8	4	9	2	5	1	6	3
5	2	1	6	3	7	8	4	9
9	6	3	8	1	4	5	2	7
3	7	8	4	9	2	6	1	5
1	5	6	7	8	3	2	9	4
2	4	9	1	5	6	3	7	8
4	1	7	5	6	8	9	3	2
8	9	2	3	4	1	7	5	6
6	3	5	2	7	9	4	8	1

88

4	9	6	7	5	2	1	3	8
7	1	3	8	4	9	5	6	2
5	8	2	3	1	6	7	9	4
2	6	8	5	3	4	9	1	7
3	7	4	6	9	1	8	2	5
9	5	1	2	7	8	6	4	3
6	4	5	1	2	7	3	8	9
8	3	9	4	6	5	2	7	1
1	2	7	9	8	3	4	5	6

89

5	8	1	9	6	4	2	3	7
7	6	2	3	1	5	8	4	9
3	4	9	8	2	7	1	6	5
1	7	6	4	5	9	3	8	2
2	9	4	6	3	8	5	7	1
8	3	5	2	7	1	6	9	4
4	2	8	5	9	6	7	1	3
9	5	7	1	8	3	4	2	6
6	1	3	7	4	2	9	5	8

90

2	8	4	5	1	7	9	6	3
7	6	5	8	9	3	1	2	4
3	9	1	6	4	2	5	8	7
5	2	9	7	6	1	4	3	8
4	1	3	2	8	5	6	7	9
8	7	6	9	3	4	2	5	1
9	5	7	1	2	8	3	4	6
1	4	8	3	5	6	7	9	2
6	3	2	4	7	9	8	1	5

91

8	9	5	6	4	3	1	2	7
7	2	4	5	9	1	8	3	6
1	6	3	8	2	7	9	4	5
9	4	8	7	5	2	3	6	1
2	1	7	3	6	8	4	5	9
3	5	6	4	1	9	7	8	2
6	7	1	2	3	4	5	9	8
4	8	2	9	7	5	6	1	3
5	3	9	1	8	6	2	7	4

9 2

6	7	1	8	3	9	4	5	2
8	9	5	6	4	2	7	1	3
3	2	4	5	1	7	8	9	6
4	5	8	2	9	6	3	7	1
7	3	2	1	5	4	9	6	8
1	6	9	3	7	8	2	4	5
5	8	7	9	6	3	1	2	4
2	4	6	7	8	1	5	3	9
9	1	3	4	2	5	6	8	7

9 3

3	5	7	8	2	6	1	9	4
6	4	2	7	1	9	5	3	8
8	9	1	3	4	5	2	6	7
9	6	8	2	5	1	7	4	3
5	2	3	4	9	7	8	1	6
1	7	4	6	3	8	9	5	2
4	3	5	1	7	2	6	8	9
2	8	9	5	6	3	4	7	1
7	1	6	9	8	4	3	2	5

9 4

6	7	4	2	1	3	9	5	8
1	9	3	5	6	8	2	4	7
2	5	8	4	9	7	1	6	3
8	4	2	7	5	9	6	3	1
9	6	7	1	3	4	5	8	2
5	3	1	6	8	2	7	9	4
3	8	5	9	2	1	4	7	6
4	2	6	8	7	5	3	1	9
7	1	9	3	4	6	8	2	5

9 5

5	3	1	9	2	4	6	8	7
6	2	8	7	5	3	1	9	4
4	7	9	6	1	8	3	5	2
1	8	6	3	7	2	9	4	5
2	9	3	8	4	5	7	1	6
7	5	4	1	9	6	2	3	8
3	1	5	4	6	7	8	2	9
9	6	2	5	8	1	4	7	3
8	4	7	2	3	9	5	6	1

9 6

3	6	7	4	2	5	1	8	9
2	1	5	8	9	6	4	3	7
8	9	4	1	7	3	6	5	2
4	8	6	5	1	7	9	2	3
1	2	9	3	8	4	7	6	5
7	5	3	2	6	9	8	4	1
6	3	1	7	5	8	2	9	4
9	4	2	6	3	1	5	7	8
5	7	8	9	4	2	3	1	6

9 7

9	4	8	1	6	3	2	5	7
2	7	5	8	9	4	6	3	1
6	3	1	2	5	7	9	4	8
5	8	6	3	2	1	4	7	9
3	2	7	5	4	9	8	1	6
4	1	9	6	7	8	3	2	5
7	9	2	4	1	6	5	8	3
1	5	3	9	8	2	7	6	4
8	6	4	7	3	5	1	9	2

4	3	9	2	7	5	6	8	1
8	7	1	6	9	3	2	5	4
6	5	2	4	1	8	7	9	3
9	1	6	8	5	4	3	2	7
3	2	5	9	6	7	1	4	8
7	8	4	3	2	1	5	6	9
5	4	8	1	3	2	9	7	6
1	9	7	5	8	6	4	3	2
2	6	3	7	4	9	8	1	5

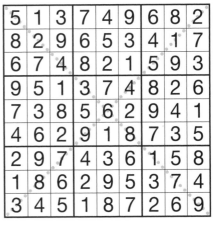

5	1	3	7	4	9	6	8	2
8	2	9	6	5	3	4	1	7
6	7	4	8	2	1	5	9	3
9	5	1	3	7	4	8	2	6
7	3	8	5	6	2	9	4	1
4	6	2	9	1	8	7	3	5
2	9	7	4	3	6	1	5	8
1	8	6	2	9	5	3	7	4
3	4	5	1	8	7	2	6	9

1	3	8	9	5	6	2	7	4
5	9	7	1	4	2	3	8	6
4	6	2	8	3	7	5	9	1
6	2	5	3	8	1	9	4	7
3	4	9	7	6	5	8	1	2
7	8	1	2	9	4	6	3	5
2	5	3	4	1	8	7	6	9
8	7	4	6	2	9	1	5	3
9	1	6	5	7	3	4	2	8

7	2	8	5	1	9	3	6	4
5	4	6	3	2	8	1	7	9
3	9	1	4	6	7	2	8	5
8	1	5	2	4	6	7	9	3
9	6	7	1	8	3	4	5	2
4	3	2	9	7	5	6	1	8
6	7	3	8	5	4	9	2	1
2	5	4	6	9	1	8	3	7
1	8	9	7	3	2	5	4	6

7	3	4	6	9	1	8	5	2
5	1	2	8	4	3	6	7	9
8	9	6	2	7	5	1	4	3
3	7	5	4	8	6	2	9	1
6	2	1	7	5	9	3	8	4
4	8	9	3	1	2	7	6	5
2	6	8	5	3	4	9	1	7
1	4	7	9	2	8	5	3	6
9	5	3	1	6	7	4	2	8

3	4	9	7	2	6	5	8	1
8	5	7	3	1	9	6	4	2
6	1	2	5	8	4	3	9	7
9	2	5	4	3	8	1	7	6
1	6	8	9	7	5	4	2	3
7	3	4	2	6	1	9	5	8
4	7	6	1	9	2	8	3	5
2	9	1	8	5	3	7	6	4
5	8	3	6	4	7	2	1	9

104

2	6	8	4	1	5	3	7	9
1	3	9	7	6	2	5	4	8
7	4	5	3	9	8	2	6	1
4	9	2	6	3	1	7	8	5
5	8	3	2	7	4	1	9	6
6	1	7	8	5	9	4	3	2
9	2	6	1	4	7	8	5	3
8	5	4	9	2	3	6	1	7
3	7	1	5	8	6	9	2	4

105

4	7	2	1	6	5	8	9	3
5	1	6	9	3	8	2	4	7
9	8	3	2	4	7	5	6	1
1	6	7	5	8	9	3	2	4
2	5	8	4	7	3	6	1	9
3	4	9	6	1	2	7	5	8
6	3	1	8	5	4	9	7	2
7	2	4	3	9	6	1	8	5
8	9	5	7	2	1	4	3	6

106

5	3	6	1	2	8	4	7	9
4	8	7	5	9	3	2	6	1
9	1	2	7	4	6	8	3	5
7	2	4	3	5	1	9	8	6
6	9	1	8	7	4	3	5	2
8	5	3	2	6	9	1	4	7
1	7	5	4	8	2	6	9	3
2	4	9	6	3	5	7	1	8
3	6	8	9	1	7	5	2	4

107

3	9	8	2	4	7	1	6	5
5	2	7	6	1	9	4	8	3
6	1	4	3	8	5	2	7	9
7	4	1	8	5	3	9	2	6
2	5	6	9	7	4	3	1	8
9	8	3	1	2	6	7	5	4
8	3	9	7	6	1	5	4	2
1	6	5	4	3	2	8	9	7
4	7	2	5	9	8	6	3	1

108

3	4	5	8	9	2	7	6	1
7	1	8	5	4	6	2	3	9
6	9	2	1	7	3	5	8	4
8	5	9	4	6	7	3	1	2
1	2	6	3	8	5	9	4	7
4	7	3	2	1	9	8	5	6
2	3	4	7	5	1	6	9	8
5	6	1	9	2	8	4	7	3
9	8	7	6	3	4	1	2	5

109

7	3	9	1	6	2	8	5	4
2	8	1	4	9	5	3	7	6
6	4	5	3	7	8	9	2	1
5	9	3	6	2	1	7	4	8
1	6	8	7	3	4	2	9	5
4	7	2	5	8	9	1	6	3
9	5	6	2	1	3	4	8	7
3	2	4	8	5	7	6	1	9
8	1	7	9	4	6	5	3	2

110

3	5	8	6	2	7	9	4	1
6	7	4	1	9	3	2	5	8
1	2	9	4	8	5	3	6	7
7	8	5	2	1	9	4	3	6
2	9	1	3	6	4	7	8	5
4	3	6	7	5	8	1	2	9
9	6	2	8	4	1	5	7	3
5	4	7	9	3	6	8	1	2
8	1	3	5	7	2	6	9	4

111

8	7	5	2	6	4	3	1	9
4	3	1	7	9	5	8	2	6
9	2	6	3	1	8	4	5	7
2	6	9	5	8	3	1	7	4
3	1	4	6	7	2	9	8	5
5	8	7	1	4	9	6	3	2
7	9	8	4	5	1	2	6	3
1	5	2	9	3	6	7	4	8
6	4	3	8	2	7	5	9	1

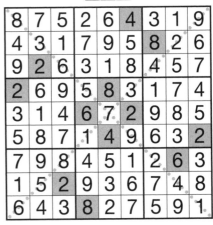

112

5	9	4	3	6	1	2	7	8
3	8	7	2	4	5	6	1	9
2	1	6	9	7	8	3	4	5
7	5	1	8	2	3	4	9	6
4	6	2	5	9	7	1	8	3
8	3	9	4	1	6	7	5	2
1	2	5	7	3	9	8	6	4
6	4	8	1	5	2	9	3	7
9	7	3	6	8	4	5	2	1

113

9	6	5	4	1	8	2	3	7
4	7	8	5	2	3	6	9	1
2	3	1	7	9	6	5	8	4
5	8	4	2	3	9	1	7	6
6	2	3	1	8	7	9	4	5
7	1	9	6	5	4	3	2	8
3	5	2	8	4	1	7	6	9
1	4	6	9	7	2	8	5	3
8	9	7	3	6	5	4	1	2

114

7	3	5	2	8	1	4	6	9
9	6	1	7	3	4	5	8	2
8	2	4	6	9	5	7	1	3
2	7	3	5	1	9	6	4	8
4	5	9	8	2	6	1	3	7
6	1	8	4	7	3	2	9	5
3	4	6	9	5	7	8	2	1
5	9	2	1	6	8	3	7	4
1	8	7	3	4	2	9	5	6

115

3	9	8	2	6	4	1	7	5
6	4	2	1	7	5	9	3	8
1	7	5	3	8	9	2	6	4
2	5	4	9	1	3	6	8	7
7	6	9	8	4	2	3	5	1
8	1	3	6	5	7	4	9	2
4	8	6	5	9	1	7	2	3
9	3	7	4	2	8	5	1	6
5	2	1	7	3	6	8	4	9

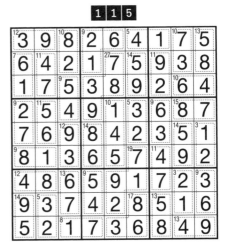

116

6	7	8	3	2	1	4	5	9
5	1	3	9	7	4	6	2	8
2	9	4	5	8	6	3	1	7
7	2	5	6	4	3	8	9	1
3	8	6	7	1	9	5	4	2
1	4	9	8	5	2	7	3	6
4	5	2	1	6	7	9	8	3
8	3	7	2	9	5	1	6	4
9	6	1	4	3	8	2	7	5

117

9	7	1	8	6	2	5	4	3
4	6	8	3	1	5	7	9	2
5	2	3	4	7	9	6	8	1
3	8	2	5	9	6	4	1	7
7	5	9	2	4	1	8	3	6
1	4	6	7	8	3	2	5	9
6	3	5	9	2	8	1	7	4
8	1	7	6	3	4	9	2	5
2	9	4	1	5	7	3	6	8

118

6	8	3	5	2	1	7	4	9
4	9	7	6	8	3	1	5	2
2	1	5	7	4	9	3	8	6
5	4	1	9	7	2	8	6	3
8	7	2	1	3	6	5	9	4
3	6	9	4	5	8	2	7	1
1	5	8	2	9	4	6	3	7
7	2	4	3	6	5	9	1	8
9	3	6	8	1	7	4	2	5

119

8	1	7	2	4	9	6	5	3
6	5	3	1	7	8	2	4	9
2	4	9	3	6	5	8	7	1
7	2	6	4	9	1	5	3	8
3	8	1	7	5	6	9	2	4
4	9	5	8	2	3	1	6	7
1	3	4	6	8	2	7	9	5
9	7	2	5	1	4	3	8	6
5	6	8	9	3	7	4	1	2

120

4	5	8	6	9	7	1	3	2
2	9	3	5	1	8	4	7	6
6	7	1	4	3	2	8	5	9
8	6	7	9	5	4	2	1	3
3	1	4	7	2	6	9	8	5
9	2	5	1	8	3	6	4	7
5	8	6	3	4	9	7	2	1
7	3	2	8	6	1	5	9	4
1	4	9	2	7	5	3	6	8

121

8	6	2	3	7	5	4	9	1
4	7	5	9	8	1	3	2	6
9	1	3	2	4	6	7	5	8
5	3	4	1	9	8	2	6	7
1	2	6	5	3	7	8	4	9
7	8	9	4	6	2	5	1	3
6	9	8	7	2	4	1	3	5
3	4	1	8	5	9	6	7	2
2	5	7	6	1	3	9	8	4

1 2 2

2	6	8	3	4	7	5	9	1
4	9	3	5	8	1	6	2	7
7	1	5	9	6	2	8	3	4
5	7	4	6	2	9	3	1	8
9	3	6	8	1	5	4	7	2
8	2	1	7	3	4	9	5	6
3	4	9	1	7	6	2	8	5
1	8	2	4	5	3	7	6	9
6	5	7	2	9	8	1	4	3

1 2 3

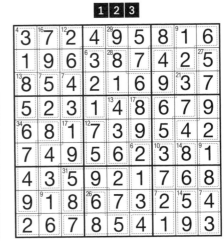

3	7	2	4	9	5	8	1	6
1	9	6	3	8	7	4	2	5
8	5	4	2	1	6	9	3	7
5	2	3	1	4	8	6	7	9
6	8	1	7	3	9	5	4	2
7	4	9	5	6	2	3	8	1
4	3	5	9	2	1	7	6	8
9	1	8	6	7	3	2	5	4
2	6	7	8	5	4	1	9	3

1 2 4

2	6	8	1	9	3	7	5	4
7	9	3	4	5	8	2	1	6
4	1	5	2	6	7	8	9	3
5	2	7	8	4	6	9	3	1
1	3	4	9	7	2	6	8	5
9	8	6	3	1	5	4	7	2
6	5	2	7	3	9	1	4	8
3	7	1	6	8	4	5	2	9
8	4	9	5	2	1	3	6	7

1 2 5

7	5	2	4	3	1	6	9	8
1	3	8	6	5	9	4	2	7
9	6	4	8	2	7	3	1	5
8	4	6	5	1	2	9	7	3
3	9	5	7	8	6	1	4	2
2	1	7	3	9	4	5	8	6
4	7	9	2	6	5	8	3	1
6	2	3	1	4	8	7	5	9
5	8	1	9	7	3	2	6	4

1 2 6

6	8	1	2	9	7	4	3	5
5	3	7	4	1	6	8	9	2
4	2	9	5	8	3	1	7	6
9	4	2	3	7	8	5	6	1
7	5	6	1	2	9	3	4	8
3	1	8	6	5	4	9	2	7
2	7	4	8	3	1	6	5	9
8	6	5	9	4	2	7	1	3
1	9	3	7	6	5	2	8	4

1 2 7

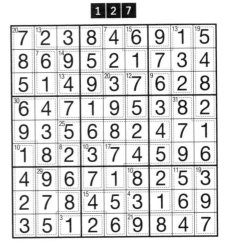

7	2	3	8	4	6	9	1	5
8	6	9	5	2	1	7	3	4
5	1	4	9	3	7	6	2	8
6	4	7	1	9	5	3	8	2
9	3	5	6	8	2	4	7	1
1	8	2	3	7	4	5	9	6
4	9	6	7	1	8	2	5	3
2	7	8	4	5	3	1	6	9
3	5	1	2	6	9	8	4	7

1 2 8

2	7	6	9	3	8	4	1	5
4	5	1	6	2	7	8	3	9
8	9	3	5	1	4	2	6	7
1	8	7	3	5	9	6	2	4
9	2	5	8	4	6	3	7	1
3	6	4	1	7	2	5	9	8
5	4	2	7	9	3	1	8	6
6	1	9	2	8	5	7	4	3
7	3	8	4	6	1	9	5	2

1 2 9

3	8	4	7	5	1	6	2	9
6	9	5	8	2	4	3	1	7
2	1	7	3	9	6	4	5	8
1	5	6	4	7	8	2	9	3
8	4	2	9	1	3	5	7	6
9	7	3	2	6	5	1	8	4
5	3	1	6	8	9	7	4	2
4	2	8	1	3	7	9	6	5
7	6	9	5	4	2	8	3	1

1 3 0

7	8	2	6	5	1	3	4	9
4	1	5	8	9	3	6	7	2
3	9	6	4	7	2	5	8	1
2	6	4	5	8	7	9	1	3
5	7	8	1	3	9	4	2	6
9	3	1	2	4	6	8	5	7
8	2	9	3	1	5	7	6	4
1	5	7	9	6	4	2	3	8
6	4	3	7	2	8	1	9	5

1 3 1

4	1	7	6	2	9	5	3	8
2	9	5	1	3	8	6	7	4
6	8	3	5	4	7	1	2	9
1	2	9	4	6	3	7	8	5
8	5	4	9	7	1	3	6	2
7	3	6	8	5	2	4	9	1
9	7	2	3	1	5	8	4	6
5	6	8	7	9	4	2	1	3
3	4	1	2	8	6	9	5	7

1 3 2

2	3	7	5	4	8	1	6	9
5	1	8	6	9	2	4	7	3
4	6	9	3	1	7	8	2	5
9	8	6	2	5	4	3	1	7
3	5	2	1	7	9	6	4	8
7	4	1	8	6	3	9	5	2
8	7	5	4	3	1	2	9	6
6	2	4	9	8	5	7	3	1
1	9	3	7	2	6	5	8	4

1 3 3

9	5	6	2	1	3	4	8	7
7	1	4	5	6	8	2	9	3
3	8	2	9	7	4	6	1	5
6	3	9	7	4	2	1	5	8
1	7	5	6	8	9	3	2	4
4	2	8	3	5	1	9	7	6
2	9	7	4	3	5	8	6	1
8	6	3	1	9	7	5	4	2
5	4	1	8	2	6	7	3	9

3	4	1	7	8	2	9	5	6
7	2	5	9	6	3	1	8	4
9	8	6	4	1	5	3	7	2
4	6	3	8	7	1	5	2	9
1	7	2	5	4	9	8	6	3
8	5	9	2	3	6	7	4	1
5	3	8	6	9	4	2	1	7
2	9	4	1	5	7	6	3	8
6	1	7	3	2	8	4	9	5

7	3	2	5	6	8	4	1	9
4	9	6	2	3	1	8	5	7
1	5	8	9	4	7	6	3	2
5	8	4	1	2	9	3	7	6
6	7	3	4	8	5	2	9	1
2	1	9	6	7	3	5	8	4
3	4	5	7	9	6	1	2	8
9	2	1	8	5	4	7	6	3
8	6	7	3	1	2	9	4	5

9	8	2	1	3	7	4	5	6
5	3	4	8	2	6	9	1	7
6	7	1	4	5	9	2	3	8
7	6	8	5	9	1	3	4	2
4	5	3	7	6	2	1	8	9
2	1	9	3	4	8	6	7	5
3	2	7	6	8	4	5	9	1
1	4	6	9	7	5	8	2	3
8	9	5	2	1	3	7	6	4

7	8	2	6	5	9	3	1	4
9	3	1	7	2	4	6	5	8
5	4	6	8	1	3	2	7	9
8	6	7	4	3	2	1	9	5
3	9	5	1	7	6	4	8	2
2	1	4	5	9	8	7	6	3
1	2	9	3	8	7	5	4	6
6	5	3	9	4	1	8	2	7
4	7	8	2	6	5	9	3	1

7	2	8	3	1	4	6	5	9
1	4	9	5	7	6	8	2	3
3	6	5	8	9	2	4	7	1
6	1	3	4	2	5	7	9	8
8	7	4	9	6	3	2	1	5
5	9	2	7	8	1	3	6	4
2	3	6	1	4	9	5	8	7
4	8	1	2	5	7	9	3	6
9	5	7	6	3	8	1	4	2

5	6	2	7	1	8	9	3	4
9	4	7	3	6	5	8	2	1
1	8	3	4	2	9	5	6	7
2	3	4	1	8	7	6	9	5
7	1	9	2	5	6	4	8	3
6	5	8	9	4	3	1	7	2
4	7	5	8	9	2	3	1	6
3	9	1	6	7	4	2	5	8
8	2	6	5	3	1	7	4	9

140

Top-left grid:

1	6	7	9	3	4	8	5	2
9	3	5	8	7	2	4	1	6
2	8	4	1	6	5	7	3	9
4	2	3	6	8	9	5	7	1
6	1	8	5	2	7	9	4	3
7	5	9	3	4	1	2	6	8
5	9	2	7	1	6	3	8	4
8	4	1	2	5	3	6	9	7
3	7	6	4	9	8	1	2	5

Bottom-right grid (overlapping):

3	8	4	7	5	2	9	6	1
6	9	7	1	4	3	5	2	8
1	2	5	6	8	9	4	3	7
9	4	8	3	7	6	1	5	2
2	1	6	5	9	4	7	8	3
7	5	3	2	1	8	6	9	4
5	6	1	8	2	7	3	4	9
4	7	2	9	3	5	8	1	6
8	3	9	4	6	1	2	7	5

141

Top-left grid:

1	9	6	8	4	5	3	2	7
4	5	3	2	7	6	8	9	1
8	2	7	3	9	1	6	4	5
2	4	1	9	6	3	5	7	8
3	7	9	5	8	2	4	1	6
6	8	5	4	1	7	9	3	2
7	1	8	6	3	4	2	5	9
9	3	2	1	5	8	7	6	4
5	6	4	7	2	9	1	8	3

Bottom-right grid (overlapping):

2	5	9	7	1	6	4	3	8
7	6	4	5	3	8	2	1	9
1	8	3	9	2	4	5	7	6
9	3	2	6	8	5	1	4	7
5	1	8	2	4	7	6	9	3
4	7	6	3	9	1	8	5	2
6	2	7	1	5	3	9	8	4
3	4	5	8	6	9	7	2	1
8	9	1	4	7	2	3	6	5

1	4	6	3	7	8	5	9	2						
3	2	9	1	5	4	6	8	7						
7	5	8	2	9	6	4	3	1						
8	9	4	5	6	2	1	7	3						
5	1	3	9	4	7	8	2	6						
2	6	7	8	3	1	9	4	5						
9	3	1	7	8	5	2	6	4	3	5	8	7	1	9
4	7	2	6	1	9	3	5	8	9	7	1	2	4	6
6	8	5	4	2	3	7	1	9	4	6	2	5	8	3
						5	8	2	1	4	6	3	9	7
						9	7	3	2	8	5	4	6	1
						6	4	1	7	9	3	8	2	5
						4	3	5	6	2	9	1	7	8
						8	2	6	5	1	7	9	3	4
						1	9	7	8	3	4	6	5	2

5	1	4	2	7	6	3	8	9						
9	8	6	1	3	5	2	4	7						
2	3	7	9	4	8	6	1	5						
6	4	2	8	5	9	7	3	1						
8	5	3	7	1	2	4	9	6						
7	9	1	3	6	4	5	2	8						
3	6	5	4	9	1	8	7	2	9	5	1	6	4	3
4	2	9	6	8	7	1	5	3	4	6	2	8	7	9
1	7	8	5	2	3	9	6	4	8	3	7	5	1	2
						7	9	1	3	2	6	4	5	8
						2	8	5	7	4	9	3	6	1
						4	3	6	1	8	5	9	2	7
						3	2	8	6	7	4	1	9	5
						6	1	7	5	9	8	2	3	4
						5	4	9	2	1	3	7	8	6

2	3	7	9	6	5	8	4	1			
1	4	5	7	8	2	6	3	9			
6	8	9	3	1	4	2	5	7			
5	1	6	2	3	9	4	7	8			
8	9	4	1	5	7	3	6	2			
3	7	2	6	4	8	1	9	5			
4	6	8	5	7	1	9	2	3	4	8	6
9	5	3	8	2	6	7	1	4	5	9	3
7	2	1	4	9	3	5	8	6	2	1	7
			6	1	5	8	7	2	3	4	9
			9	8	4	6	3	5	7	2	1
			2	3	7	4	9	1	6	5	8
			1	6	2	3	5	8	9	7	4
			7	4	8	2	6	9	1	3	5
			3	5	9	1	4	7	8	6	2

1	8	6	5	4	3	9	7	2			
4	9	5	2	8	7	6	1	3			
2	3	7	6	1	9	8	5	4			
6	1	8	4	3	5	2	9	7			
9	4	2	7	6	8	1	3	5			
7	5	3	1	9	2	4	6	8			
3	2	4	9	5	1	7	8	6	4	3	2
8	7	1	3	2	6	5	4	9	8	1	7
5	6	9	8	7	4	3	2	1	5	9	6
			1	4	8	9	7	3	6	2	5
			2	9	5	1	6	8	7	4	3
			6	3	7	4	5	2	9	8	1
			7	1	2	8	9	5	3	6	4
			4	6	9	2	3	7	1	5	8
			5	8	3	6	1	4	2	7	9

4	3	8	5	9	6	2	1	7			
2	6	7	8	4	1	5	3	9			
9	5	1	3	2	7	8	4	6			
7	9	5	2	1	3	6	8	4			
8	2	6	4	7	5	1	9	3			
1	4	3	6	8	9	7	5	2			
6	7	4	1	3	8	9	2	5	6	4	7
3	1	9	7	5	2	4	6	8	9	1	3
5	8	2	9	6	4	3	7	1	8	2	5
			3	8	6	7	4	2	5	9	1
			2	7	1	5	9	3	4	6	8
			5	4	9	8	1	6	3	7	2
			8	2	7	6	3	4	1	5	9
			4	9	5	1	8	7	2	3	6
			6	1	3	2	5	9	7	8	4

8	2	6	3	7	1	4	9	5			
5	4	1	6	2	9	3	7	8			
7	3	9	4	8	5	1	2	6			
3	1	7	5	9	6	2	8	4	7	1	3
9	8	4	2	3	7	6	5	1	8	4	9
6	5	2	8	1	4	7	3	9	5	2	6
1	7	3	9	4	8	5	6	2	3	7	1
4	6	8	7	5	2	9	1	3	6	8	4
2	9	5	1	6	3	8	4	7	2	9	5
			3	2	9	4	7	5	1	6	8
			6	7	1	3	9	8	4	5	2
			4	8	5	1	2	6	9	3	7

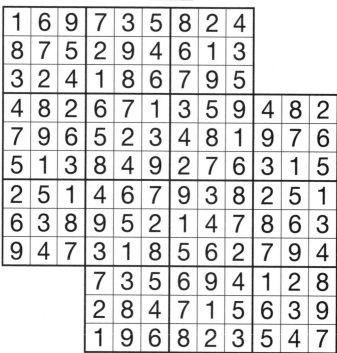

1 4 8

1	6	9	7	3	5	8	2	4			
8	7	5	2	9	4	6	1	3			
3	2	4	1	8	6	7	9	5			
4	8	2	6	7	1	3	5	9	4	8	2
7	9	6	5	2	3	4	8	1	9	7	6
5	1	3	8	4	9	2	7	6	3	1	5
2	5	1	4	6	7	9	3	8	2	5	1
6	3	8	9	5	2	1	4	7	8	6	3
9	4	7	3	1	8	5	6	2	7	9	4
			7	3	5	6	9	4	1	2	8
			2	8	4	7	1	5	6	3	9
			1	9	6	8	2	3	5	4	7

1 4 9

8	9	2	6	3	7	5	1	4			
7	5	6	4	1	8	9	2	3			
1	4	3	2	9	5	8	6	7			
9	7	1	5	6	2	4	3	8	1	9	7
5	2	8	3	7	4	6	9	1	5	8	2
3	6	4	9	8	1	7	5	2	3	4	6
6	8	9	1	4	3	2	7	5	8	6	9
4	1	5	7	2	9	3	8	6	4	5	1
2	3	7	8	5	6	1	4	9	7	2	3
			4	1	5	9	2	7	6	3	8
			2	3	7	8	6	4	9	1	5
			6	9	8	5	1	3	2	7	4

7	6	1	4	5	9	8	2	3						
9	2	5	3	6	8	7	4	1						
4	3	8	2	1	7	9	6	5						
8	7	6	9	3	1	4	5	2						
2	5	9	8	4	6	3	1	7						
1	4	3	7	2	5	6	9	8						
3	1	7	6	9	2	5	8	4	3	6	2	7	9	1
5	9	4	1	8	3	2	7	6	5	1	9	3	8	4
6	8	2	5	7	4	1	3	9	7	4	8	2	6	5
						4	1	7	6	8	5	9	2	3
						6	9	8	1	2	3	4	5	7
						3	5	2	4	9	7	6	1	8
1	4	3	8	2	9	7	6	5	2	3	1	8	4	9
6	9	2	5	3	7	8	4	1	9	7	6	5	3	2
7	5	8	4	6	1	9	2	3	8	5	4	1	7	6
4	2	5	9	1	3	6	8	7						
9	6	1	7	4	8	3	5	2						
8	3	7	2	5	6	1	9	4						
3	1	4	6	8	5	2	7	9						
5	8	9	3	7	2	4	1	6						
2	7	6	1	9	4	5	3	8						

9	2	6	4	1	5	7	3	8						
3	4	1	7	6	8	9	2	5						
7	8	5	3	9	2	4	6	1						
2	6	8	1	5	4	3	9	7						
5	3	9	8	2	7	1	4	6						
1	7	4	9	3	6	8	5	2						
6	9	7	5	8	3	2	1	4	3	8	9	7	6	5
8	5	3	2	4	1	6	7	9	2	5	4	1	8	3
4	1	2	6	7	9	5	8	3	7	6	1	2	4	9
						8	2	1	5	4	7	3	9	6
						3	5	6	1	9	2	4	7	8
						9	4	7	6	3	8	5	2	1
7	4	5	6	8	3	1	9	2	8	7	5	6	3	4
1	2	3	9	5	4	7	6	8	4	1	3	9	5	2
9	6	8	7	1	2	4	3	5	9	2	6	8	1	7
4	5	6	1	7	9	8	2	3						
3	8	7	4	2	5	9	1	6						
2	1	9	8	3	6	5	7	4						
5	7	1	3	6	8	2	4	9						
6	9	2	5	4	7	3	8	1						
8	3	4	2	9	1	6	5	7						

2	4	8	9	7	3	1	5	6						
3	7	1	5	4	6	2	8	9						
6	5	9	8	1	2	3	7	4						
4	2	5	7	9	1	6	3	8						
8	1	6	4	3	5	7	9	2						
7	9	3	2	6	8	4	1	5						
1	3	4	6	5	9	8	2	7	1	3	4	9	5	6
5	6	2	1	8	7	9	4	3	2	6	5	8	7	1
9	8	7	3	2	4	5	6	1	7	8	9	3	4	2
						6	9	4	3	5	7	2	1	8
						7	3	2	9	1	8	5	6	4
						1	5	8	4	2	6	7	3	9
3	6	1	2	8	9	4	7	5	6	9	2	1	8	3
9	8	4	3	5	7	2	1	6	8	7	3	4	9	5
7	2	5	6	1	4	3	8	9	5	4	1	6	2	7
5	4	2	8	3	1	6	9	7						
6	1	9	7	4	2	8	5	3						
8	7	3	9	6	5	1	2	4						
1	5	7	4	2	3	9	6	8						
2	3	8	5	9	6	7	4	1						
4	9	6	1	7	8	5	3	2						

5	1	7	9	8	6	2	3	4						
9	6	3	4	5	2	7	1	8						
2	8	4	1	7	3	9	6	5						
3	5	8	6	1	7	4	2	9						
1	7	2	3	4	9	5	8	6						
4	9	6	5	2	8	3	7	1						
7	4	1	2	6	5	8	9	3	7	5	2	1	6	4
8	3	5	7	9	1	6	4	2	1	9	3	7	8	5
6	2	9	8	3	4	1	5	7	4	6	8	3	9	2
						4	2	8	6	1	7	9	5	3
						3	6	5	9	8	4	2	7	1
						9	7	1	3	2	5	6	4	8
3	2	5	1	9	4	7	8	6	2	4	1	5	3	9
1	8	9	7	6	5	2	3	4	5	7	9	8	1	6
4	7	6	3	2	8	5	1	9	8	3	6	4	2	7
7	5	2	9	4	1	8	6	3						
8	3	1	5	7	6	4	9	2						
6	9	4	2	8	3	1	5	7						
9	1	8	4	3	7	6	2	5						
5	4	3	6	1	2	9	7	8						
2	6	7	8	5	9	3	4	1						

1 5 4

```
7 6 4 2 9 3 1 8 5
3 2 1 7 5 8 6 9 4
9 8 5 6 4 1 2 7 3
8 4 2 1 7 6 5 3 9
5 1 9 3 2 4 7 6 8
6 3 7 9 8 5 4 2 1
1 5 6 8 3 2 9 4 7 6 5 1
4 7 3 5 6 9 8 1 2 4 3 7
2 9 8 4 1 7 3 5 6 8 9 2
      3 4 6 7 8 1 9 2 5
      1 2 5 6 9 4 7 8 3
      9 7 8 2 3 5 1 6 4
      6 5 3 1 7 9 2 4 8 6 5 3
      2 8 1 4 6 3 5 7 9 2 1 8
      7 9 4 5 2 8 3 1 6 9 7 4
            8 4 6 9 2 5 1 3 7
            2 5 7 6 3 1 8 4 9
            9 3 1 7 8 4 5 2 6
            7 8 5 4 9 2 3 6 1
            3 9 2 1 6 7 4 8 5
            6 1 4 8 5 3 7 9 2
```

1 5 5

```
8 7 9 5 6 1 4 3 2
2 5 1 3 9 4 7 8 6
4 3 6 8 7 2 5 9 1
6 2 8 7 4 9 3 1 5
5 9 7 2 1 3 8 6 4
1 4 3 6 8 5 2 7 9
3 8 2 1 5 6 9 4 7 2 8 3
7 1 4 9 2 8 6 5 3 1 4 7
9 6 5 4 3 7 1 2 8 5 9 6
      8 7 5 4 6 1 3 2 9
      2 1 3 7 8 9 4 6 5
      6 4 9 5 3 2 8 7 1
      5 6 1 8 9 4 7 3 2 5 6 1
      3 9 4 2 7 5 6 1 8 3 4 9
      7 8 2 3 1 6 9 5 4 7 2 8
            9 4 1 8 2 5 6 7 3
            5 2 7 1 6 3 8 9 4
            6 8 3 4 7 9 2 1 5
            4 5 2 3 9 6 1 8 7
            1 6 9 5 8 7 4 3 2
            7 3 8 2 4 1 9 5 6
```

```
7 1 9 8 6 2 3 5 4
2 6 4 9 5 3 1 8 7
3 5 8 4 1 7 6 2 9
8 2 1 3 7 9 5 4 6
4 3 7 5 8 6 2 9 1
5 9 6 2 4 1 8 7 3
6 7 5 1 9 8 4 3 2 5 6 7
1 4 3 7 2 5 9 6 8 3 4 1
9 8 2 6 3 4 7 1 5 8 9 2
      4 1 2 3 8 6 9 7 5
      8 6 7 5 2 9 1 3 4
      3 5 9 1 7 4 2 8 6
      9 8 1 2 4 7 6 5 3 9 8 1
      2 4 6 8 5 3 7 1 9 6 2 4
      5 7 3 6 9 1 4 2 8 7 5 3
            1 8 4 2 7 5 3 6 9
            3 6 2 9 4 1 5 7 8
            5 7 9 3 8 6 1 4 2
            9 2 5 1 6 4 8 3 7
            7 1 6 8 3 2 4 9 5
            4 3 8 5 9 7 2 1 6
```

```
1 6 2 4 9 3 7 8 5
4 9 5 7 2 8 1 3 6
7 3 8 5 1 6 9 4 2
8 1 9 3 6 4 2 5 7 1 9 8
3 5 6 1 7 2 8 9 4 5 3 6
2 4 7 8 5 9 3 6 1 2 7 4
5 8 4 2 3 7 6 1 9 4 8 5 3 2 7
6 7 1 9 8 5 4 2 3 7 6 1 5 8 9
9 2 3 6 4 1 5 7 8 3 2 9 6 1 4
      5 1 6 7 8 2 9 4 3 1 6 5
      4 2 8 9 3 5 6 1 7 2 4 8
      7 9 3 1 4 6 8 5 2 9 7 3
                  8 5 4 2 9 6 7 3 1
                  3 6 1 5 7 8 4 9 2
                  2 9 7 1 3 4 8 5 6
```

1 5 8

2	1	7	6	9	5	4	8	3						
9	3	8	1	2	4	7	5	6						
5	4	6	3	7	8	9	2	1						
1	7	4	8	3	9	2	6	5	1	4	7			
8	9	5	2	4	6	3	1	7	9	8	5			
6	2	3	7	5	1	8	4	9	3	6	2			
4	8	1	9	6	7	5	3	2	8	1	4	7	6	9
7	6	2	5	8	3	1	9	4	2	7	6	3	8	5
3	5	9	4	1	2	6	7	8	5	3	9	4	2	1
			6	7	5	9	8	1	4	2	3	5	7	6
			3	2	8	4	5	6	7	9	1	8	3	2
			1	9	4	7	2	3	6	5	8	9	1	4
						2	4	5	1	8	7	6	9	3
						3	6	7	9	4	2	1	5	8
						8	1	9	3	6	5	2	4	7

1 5 9

3	4	6	9	2	7	8	5	1						
8	7	1	4	6	5	2	3	9						
9	5	2	1	8	3	7	6	4						
5	8	9	3	7	4	6	1	2	8	9	5			
6	3	7	2	1	8	4	9	5	3	7	6			
1	2	4	5	9	6	3	7	8	1	2	4			
2	6	5	8	3	9	1	4	7	5	6	2	9	8	3
7	9	8	6	4	1	5	2	3	7	8	9	4	1	6
4	1	3	7	5	2	9	8	6	4	1	3	5	2	7
			9	6	7	8	3	4	2	5	1	7	6	9
			1	2	3	7	5	9	6	4	8	1	3	2
			4	8	5	2	6	1	9	3	7	8	4	5
						6	9	2	8	7	4	3	5	1
						3	7	8	1	2	5	6	9	4
						4	1	5	3	9	6	2	7	8

160

Top-left grid:

3	1	2	5	9	6	8	4	7
8	7	1	4	5	9	2	6	3
5	4	7	6	2	8	1	3	9
7	6	8	1	4	3	9	5	2
4	2	9	3	6	7	5	8	1
9	3	5	2	8	1	6	7	4
1	8	6	9	3	4	7	2	5
6	5	4	7	1	2	3	9	8
2	9	3	8	7	5	4	1	6

Bottom-right grid:

7	2	5	8	3	6	9	4	1
3	9	8	4	2	1	6	7	5
4	1	6	5	9	7	3	2	8
8	6	3	1	7	2	4	5	9
5	4	1	3	8	9	7	6	2
2	7	9	6	4	5	1	8	3
1	8	4	7	5	3	2	9	6
6	5	2	9	1	4	8	3	7
9	3	7	2	6	8	5	1	4

161

Top-left grid:

1	4	6	5	3	7	8	2	9
8	3	2	9	6	1	5	4	7
5	1	9	7	8	2	4	6	3
6	7	4	8	5	9	3	1	2
4	8	5	3	2	6	7	9	1
2	9	3	1	7	4	6	5	8
9	6	7	2	4	3	1	8	5
7	2	8	6	1	5	9	3	4
3	5	1	4	9	8	2	7	6

Bottom-right grid:

1	8	5	7	4	3	2	6	9
9	3	4	2	6	1	5	8	7
2	7	6	8	9	5	1	4	3
7	2	3	9	1	4	8	5	6
8	4	9	5	2	6	7	3	1
5	6	1	3	7	8	9	2	4
3	9	7	6	5	2	4	1	8
4	5	8	1	3	9	6	7	2
6	1	2	4	8	7	3	9	5

162

8	2	6	7	3	4	1	9	5						
9	5	7	6	2	1	4	8	3						
4	1	3	9	8	5	7	6	2						
5	9	4	2	7	6	3	1	8						
6	3	2	5	1	8	9	4	7						
1	7	8	3	4	9	2	5	6						
7	8	9	4	5	3	6	2	1	8	9	5	3	7	4
3	4	5	1	6	2	8	7	9	4	3	1	6	5	2
2	6	1	8	9	7	5	3	4	6	2	7	9	1	8
						7	1	8	3	4	6	2	9	5
						2	5	3	7	1	9	8	4	6
						4	9	6	2	5	8	7	3	1
						1	4	7	9	8	2	5	6	3
						9	8	5	1	6	3	4	2	7
						3	6	2	5	7	4	1	8	9

163

8	2	4	3	7	6	5	9	1						
1	9	6	2	8	5	4	7	3						
7	3	5	9	4	1	2	6	8						
2	1	8	7	9	4	3	5	6						
3	5	7	1	6	8	9	4	2						
6	4	9	5	3	2	8	1	7						
5	6	3	4	2	7	1	8	9	3	4	7	5	2	6
4	8	2	6	1	9	7	3	5	8	2	6	1	4	9
9	7	1	8	5	3	6	2	4	9	5	1	3	8	7
						4	6	8	7	1	9	2	5	3
						9	5	2	4	8	3	6	7	1
						3	7	1	2	6	5	8	9	4
						8	4	7	6	3	2	9	1	5
						2	1	3	5	9	4	7	6	8
						5	9	6	1	7	8	4	3	2

3	8	5	9	6	2	1	7	4						
2	1	7	4	9	8	3	6	5						
4	5	1	6	3	7	2	9	8						
7	6	8	3	2	4	5	1	9						
9	7	3	8	5	1	4	2	6						
6	2	9	1	4	5	8	3	7						
1	3	6	5	8	9	7	4	2	1	5	3	6	9	8
5	4	2	7	1	6	9	8	3	2	1	7	5	6	4
8	9	4	2	7	3	6	5	1	7	8	4	3	2	9
						8	2	5	9	4	6	1	3	7
						4	9	6	3	7	8	2	5	1
						1	7	4	6	3	2	9	8	5
						3	1	9	8	2	5	7	4	6
						5	3	7	4	6	9	8	1	2
						2	6	8	5	9	1	4	7	3

7	2	6	3	5	9	1	8	4						
1	6	3	7	4	2	8	5	9						
3	1	2	9	7	8	5	4	6						
8	4	5	6	9	1	3	7	2						
4	5	8	2	3	7	6	9	1						
9	8	4	1	6	5	7	2	3						
2	3	7	5	1	4	9	6	8	5	2	4	7	3	1
6	7	9	4	8	3	2	1	5	8	7	6	3	9	4
5	9	1	8	2	6	4	3	7	9	8	1	5	2	6
						1	5	3	6	4	8	9	7	2
						7	9	1	2	3	5	6	4	8
						5	4	6	7	1	3	2	8	9
						3	8	2	4	6	9	1	5	7
						8	2	9	1	5	7	4	6	3
						6	7	4	3	9	2	8	1	5

6	4	3	8	1	5	9	7	2						
5	7	2	4	9	3	8	1	6						
1	8	9	2	6	7	5	3	4						
3	9	4	5	7	8	6	2	1						
7	1	8	6	3	2	4	5	9						
2	5	6	9	4	1	3	8	7						
9	3	7	1	8	4	2	6	5	1	8	3	4	9	7
8	6	5	7	2	9	1	4	3	7	6	9	5	2	8
4	2	1	3	5	6	7	9	8	2	4	5	1	3	6
						9	1	6	4	5	8	3	7	2
						3	8	2	6	1	7	9	5	4
						5	7	4	9	3	2	6	8	1
						8	3	1	5	2	6	7	4	9
						6	2	7	3	9	4	8	1	5
						4	5	9	8	7	1	2	6	3

9	7	5	2	6	1	4	8	3						
3	4	2	9	8	5	6	7	1						
1	8	6	4	3	7	5	2	9						
5	3	9	8	4	2	1	6	7						
8	6	4	7	1	9	2	3	5						
7	2	1	6	5	3	9	4	8						
2	5	8	3	9	4	7	1	6	9	5	2	3	4	8
6	9	7	1	2	8	3	5	4	8	1	6	7	9	2
4	1	3	5	7	6	8	9	2	3	7	4	6	1	5
						9	7	3	4	8	5	2	6	1
						4	6	1	2	9	3	5	8	7
						5	2	8	1	6	7	4	3	9
						1	4	5	6	2	8	9	7	3
						2	3	9	7	4	1	8	5	6
						6	8	7	5	3	9	1	2	4

5	7	8	1	6	3	2	4	9						
1	4	6	5	9	2	3	7	8						
2	3	9	7	4	8	5	1	6						
6	8	1	9	2	7	4	3	5						
3	5	2	4	1	6	9	8	7						
4	9	7	3	8	5	1	6	2						
8	6	5	2	3	4	7	9	1	4	6	2	5	8	3
9	2	3	8	7	1	6	5	4	1	3	8	2	9	7
7	1	4	6	5	9	8	2	3	9	5	7	4	6	1
						5	4	7	2	8	9	1	3	6
						1	6	2	3	7	5	9	4	8
						9	3	8	6	4	1	7	2	5
						3	1	6	7	2	4	8	5	9
						4	7	5	8	9	3	6	1	2
						2	8	9	5	1	6	3	7	4

8	5	1	6	4	3	2	7	9						
9	4	3	2	7	5	6	1	8						
2	6	7	1	8	9	3	4	5						
4	3	2	8	6	7	9	5	1						
6	7	5	3	9	1	8	2	4						
1	9	8	5	2	4	7	3	6						
3	2	9	4	5	8	1	6	7	8	3	4	5	2	9
7	1	4	9	3	6	5	8	2	7	9	1	3	4	6
5	8	6	7	1	2	4	9	3	2	5	6	1	7	8
						8	3	4	6	2	5	9	1	7
						7	2	9	4	1	3	6	8	5
						6	5	1	9	7	8	4	3	2
						9	7	6	1	4	2	8	5	3
						2	1	5	3	8	9	7	6	4
						3	4	8	5	6	7	2	9	1